VICENTE FALCONI
O QUE IMPORTA É RESULTADO

Cristiane Correa

VICENTE FALCONI
O QUE IMPORTA
É RESULTADO

PRIMEIRA PESSOA

Todos os esforços foram feitos para creditar devidamente todos os detentores dos direitos das imagens que ilustram este livro. Eventuais omissões de crédito e copyright não foram intencionais e serão devidamente solucionadas nas próximas edições, bastando que seus proprietários entrem em contato com os editores.

Copyright © 2017 por Cristiane Correa

Todos os direitos reservados. Nenhuma parte deste livro pode ser utilizada ou reproduzida sob quaisquer meios existentes sem autorização por escrito dos editores.

pesquisa: Mariana Segala
preparo de originais: Ângelo Lessa
revisão: Ana Grillo, Luis Américo Costa e Taís Monteiro
diagramação: Valéria Teixeira
capa: Miriam Lerner
foto de capa: Germano Lüders
impressão e acabamento: Lis Gráfica e Editora Ltda.

CIP-BRASIL. CATALOGAÇÃO NA PUBLICAÇÃO
SINDICATO NACIONAL DOS EDITORES DE LIVROS, RJ

C841v

    Correa, Cristiane
       Vicente Falconi – O que importa é resultado / Cristiane Correa. Rio de Janeiro: Primeira Pessoa, 2017.
       200 p.; 16 x 23 cm

       Inclui bibliografia
       ISBN 978-85-68377-16-1

       1. Falconi, Vicente, 1940-. 2. Empresários – Brasil – Biografia. 3. Negócios – administração. I. Título.

		CDD: 926.58
17-44279		CDU: 929.65

Todos os direitos reservados, no Brasil, por
GMT Editores Ltda.
Rua Voluntários da Pátria, 45 – Gr. 1.404 – Botafogo
22270-000 – Rio de Janeiro – RJ
Tel.: (21) 2538-4100 – Fax: (21) 2286-9244
E-mail: atendimento@sextante.com.br
www.sextante.com.br

Para meus pais, Edinézia e Domingos,
meus melhores professores

SUMÁRIO

PREFÁCIO O missionário da gestão — 9

CAPÍTULO 1 70% do sucesso de uma empresa é gente — 13

CAPÍTULO 2 Sem educação, vai tudo pro beleléu — 33

CAPÍTULO 3 A busca da verdade — 49

CAPÍTULO 4 O decálogo de Falconi — 65

CAPÍTULO 5 A cura da população "doente" — 79

CAPÍTULO 6 Metas para 176 milhões de habitantes — 87

CAPÍTULO 7 Gestão x corrupção — 97

CAPÍTULO 8 A queda do gigante — 113

CAPÍTULO 9 Casa de ferreiro, espeto de pau — 123

CAPÍTULO 10 "Independence Day": o dia seguinte — 143

CAPÍTULO 11 Um pé lá fora — 161

CAPÍTULO 12 O CEO vai a nocaute — 169

POSFÁCIO — 179

BIBLIOGRAFIA — 183

PREFÁCIO

O missionário da gestão

— Claro, os nossos produtos são feitos com a maior qualidade possível!

O ano era 1991 e eu estava respondendo a uma pergunta de Dorothea Werneck, então secretária nacional de Economia, que queria saber se na Brahma nós praticávamos a qualidade total. Eu tinha ido a Brasília tentar arrancar um aumento de preço para os nossos produtos. Era a época do tabelamento de preços. O que eu não havia entendido era que a Dorothea me perguntava se eu estava cuidando bem da eficiência e dos custos antes de precisar praticar um aumento de preço. Ela, gentilmente, disse que me indicaria uma pessoa para me explicar melhor o que era a qualidade total. Óbvio que, para conseguir o aumento de preços, eu faria qualquer coisa. Por isso, fui a Minas Gerais procurar quem ela havia sugerido: o professor Vicente Falconi.

Falconi deu uma contribuição espetacular para o sucesso da nossa empresa. Esteve conosco desde o comecinho, e o comecinho da Brahma foi heroico: a gente precisava matar um leão por dia. Talvez porque a companhia crescesse tão rápido e as pessoas mudassem tanto de lugar, não havia processos que assegurassem as boas práticas. Quando a gente descobria *como* fazer alguma coisa, era difícil dar continuidade ou reproduzir aquilo. Ficava a sensação de estar sempre reinventando a roda ou tendo muita iniciativa, mas, às vezes, pouca "acabativa".

Eu me lembro de uma ocasião, uns 15 anos depois desse início, em que estava assistindo a uma apresentação do professor Falconi. Ao meu lado estava um dos principais executivos da companhia, Luiz Fernando Edmond [então CEO da Ambev]. Depois de assistir à apresentação do Professor – que falou com uma clareza cristalina –, fiz um comentário:

– Puxa, Luiz, o Jorge Paulo [Lemann, sócio de Marcel na cervejaria], que dorme em todas as apresentações, está atentíssimo na do Falconi. Deve estar adorando. Eu mesmo estou aqui vendo como ele foi importante, quanta contribuição deu para a nossa companhia.

E o Luiz respondeu:

– É verdade, Marcel, e se você não tivesse atrapalhado tanto ele teria feito muito mais e melhor.

Concordei. Naqueles primeiros tempos, como falei, não podíamos parar para refletir sobre os processos, e foi ótimo ter alguém ali o tempo todo, fazendo o papel de um missionário da organização, das boas práticas. Muito do que aprendemos e fizemos junto com o professor Falconi já estava no nosso DNA, mas não sabíamos *como* fazer.

Uma coisa que o Professor sempre diz é que "gestão é abrir e fechar gaps". Essa era uma ideia na qual nós já acreditávamos, mas não sabíamos muito bem como operacionalizar. A boa administração é procurar sempre o jeito de fazer qualquer coisa com mais eficiência, olhando para dentro do próprio setor, para outras áreas ou braços da companhia e às vezes até externamente, para outras empresas. A verdade é que, por mais competente que você seja, sempre vai encontrar quem faça algumas coisas melhor do que você. Então, como diz o Falconi, o negócio é abrir o gap, através de comparação, de estudo, de benchmarking, e depois fechá-lo ao longo do tempo.

Nós éramos muito duros em termos de estabelecer metas agressivas e de criar incentivos como remuneração variável e participação acionária para quem atingisse as metas. Mas o Falconi nos deu o desdobramento das metas, que é a coisa mais importante. Não adianta ter metas para o topo da companhia se elas não descerem até o chão de fábrica. Esse é o poder de, todo ano, descobrir o que você pode e precisa fazer melhor – e depois desdobrar isso para toda a empresa. Aí se torna algo imbatível, uma máquina.

Acho que, até certo ponto, a gente também deu uma contribuição para ele. No fim, houve um amálgama dos dois estilos: nós com um jeito talvez mais brasileiro e ele com um estilo meio japonês. É essa combinação que hoje em dia a consultoria dele pratica de forma tão bem-sucedida em tantas empresas e em tantos governos.

Nós temos vivido experiências de entrar em companhias que já foram extraordinárias, mas, ao longo do tempo, acabaram ficando lentas, gordas, pouco eficientes. Aí entramos, fazemos o que sabemos bem e conseguimos melhorias de 20%, 30% sobre o *status quo*. É isso que acontece em muitas empresas a que Falconi leva o seu método. Para dar resultado é preciso que exista na companhia alguém com uma vontade inabalável, quase um fanatismo, de realizar melhorias e o poder para levar isso adiante.

As experiências da consultoria dele em governos mostram que é possível alcançar eficiências realmente inacreditáveis, proporcionando benefícios colossais para a sociedade. Acompanhei há pouco tempo uma experiência num hospital público em situação muito difícil, com filas de pessoas esperando em macas no corredor para serem atendidas. Fazendo uma análise, foi possível identificar coisas supersimples. Bastou a Falconi mudar um pouquinho os processos para os resultados aparecerem: o hospital, antes um retrato do Brasil – lotado e incapaz de atender as necessidades da população –, voltou a ter leitos disponíveis. Uma boa gestão pode realizar melhorias fabulosas na área pública.

Ele tem dedicado tanto tempo e tanta paciência para tentar melhorar a gestão das empresas e do governo que eu brinco que é quase um santo. Isso é muito mais que o trabalho dele, é sua missão de vida. Ultimamente, porém, tenho percebido que essa paciência começa a se esgotar. Talvez porque, para Falconi, as coisas a fazer sejam muito óbvias. Ou porque ele já tenha repetido as lições diversas vezes e a ficha ainda não tenha caído para muita gente. Mesmo assim, aos 77 anos de idade, ele continua com uma vontade inesgotável de promover uma grande transformação da sociedade brasileira. Uma transformação que não traga resultados apenas para o Brasil de hoje, mas que se perpetue pelas próximas gerações.

Marcel Telles
Sócio da 3G Capital
Julho de 2017

CAPÍTULO 1

70% do sucesso de uma empresa é gente

O carioca Bernardo Pinto Paiva tinha 23 anos quando foi aceito na segunda turma de trainee da cervejaria Brahma, em 1991. Fazia apenas dois anos que o banco de investimentos Garantia, comandado por Jorge Paulo Lemann, Marcel Telles e Carlos Alberto (Beto) Sicupira, comprara a combalida cervejaria por 60 milhões de dólares. Marcel, o sócio destacado para comandar a aquisição, implementava a toque acelerado uma mudança drástica na cultura da companhia.

Ele se apoiava numa receita que começara a ser forjada nos anos 1970, quando Lemann adquiriu uma pequena corretora de valores no Rio de Janeiro ao lado de três sócios. Em pouco mais de uma década, a instituição havia se transformado também em banco de investimentos e arrematara a varejista Lojas Americanas, que seria comandada por Beto. A cartilha do trio pregava que o paternalismo deveria ceder lugar à meritocracia. Quem não estivesse disposto a ralar muito para bater as metas – e receber bônus polpudos ao final do ano – deveria ser substituído por jovens com "sangue nos olhos" e "faca nos dentes". Era uma visão muito diferente da que permeava a maioria das empresas instaladas no Brasil na época, em que critérios como "tempo de casa" e "idade" eram mais importantes para definir a ascensão de um profissional do que o resultado que ele de fato gerava para a companhia onde trabalhava.

Paiva, recém-formado em Engenharia de Produção pela Universidade Federal do Rio de Janeiro (UFRJ), tinha exatamente o perfil que os novos donos da Brahma procuravam. Seus pais eram professores universitários – a mãe, formada em Direito e Ciências Políticas, e o pai, em Biologia. Ao lado dos três irmãos, teve uma infância confortável – o grande investimento da família era na educação das crianças. Aos 7 anos, ele já cruzava de ônibus, sozinho, os quase 5 quilômetros que separavam sua casa, no bairro da Lagoa, na Zona Sul da capital fluminense, do Colégio São Vicente de Paulo, no Cosme Velho. Nos três primeiros anos em que andou de transporte público, foi vítima de quase uma dezena de roubos. Dinheiro e tênis eram os principais alvos dos assaltantes. Depois, o moleque cresceu, ficou mais esperto e aprendeu a se proteger. Nunca mais teve problemas no caminho para a escola ou a faculdade.

Ao final do programa de trainee da Brahma, a maioria dos colegas de Paiva optou por trabalhar na administração da cervejaria, ainda localizada no Rio de Janeiro (anos depois, seria transferida para São Paulo). Ele tomou outro caminho. Pediu para ser vendedor. "Eu queria saber de onde vinha o dinheiro e o que queriam os clientes", diz Paiva. Sua rota inicial foi na Zona Sul da cidade. Parte do seu tempo era gasta na sofisticada rua Dias Ferreira, no Leblon. Outra parte na Rocinha, hoje a maior favela do país, com mais de 70 mil habitantes. Eram dois mundos opostos, mas em ambos Paiva tinha um só objetivo: vender aos bares e restaurantes a maior quantidade possível de cerveja.

O problema era *como* fazer isso. Praticamente não havia treinamento formal para os novatos. Cada um recebia sua ficha de rota, com o endereço dos clientes, e precisava aprender na prática a fazer o trabalho. Sem saber por onde começar, Paiva se aproximou de outro funcionário e pediu ajuda: "Paulinho, como eu faço para vender?", perguntou a um colega que, embora não tivesse uma grande educação formal (nem sequer completara o ensino fundamental), era considerado um dos melhores da equipe. O jovem engenheiro nunca se esqueceu da lição.

Ele disse que a primeira coisa a fazer ao chegar no ponto de venda era falar com o dono. Se pudesse contar uma piada ou comentar sobre o time de futebol para o qual ele torcia, melhor. Depois, era para entrar no estoque e contar as caixas. Eu deveria recolher todos os vasilhames vazios e vender os cheios. Na época havia só garrafa, não tinha lata. O terceiro passo era conversar com o dono sobre o preço que ele iria vender, explicar que, se ele colocasse o produto caro demais, por exemplo, iria encalhar. Por fim, eu devia colocar algo no bar para que o consumidor soubesse que nosso produto estava ali. Ainda não tinha nem material de propaganda direito, mas pelo menos um papel com o logotipo da cerveja precisava ser exposto em algum lugar.

Com o tempo, o negócio se sofisticou, mas muitos princípios continuam os mesmos: gerenciar os estoques, estabelecer o preço certo, ter a comunicação da marca no ponto de venda. Não aprendi nada disso no curso de Engenharia. Não aprendi nada disso em treinamento. Aprendi foi com o Paulinho.

Dois anos depois, Paiva foi transferido para a operação da Brahma na Argentina, como gerente de vendas. Lá, reportava-se a Luiz Fernando Edmond, carioca que ingressara na cervejaria na primeira turma de trainee, em 1990, e agora ocupava no país vizinho o posto de diretor de vendas. Aos 25 anos de idade e sem falar espanhol, Paiva estaria à frente de uma equipe de 150 vendedores. A cervejaria brasileira ensaiava seus primeiros passos rumo à internacionalização, e começar pela América Latina parecia o caminho mais natural.

O início foi difícil. Competir com a Quilmes, na época a marca líder no mercado argentino, era caro e não estava dando resultado. Para estancar a sangria, em 1996 os brasileiros decidiram dar um passo atrás: em vez de manter uma estrutura própria de vendas, terceirizaram a tarefa (uma empresa que vendia vinhos foi selecionada para assumir a função). Coube a Paiva demitir toda a equipe – boa parte dela formada por gente que o próprio executivo havia contratado.

O padrão da Brahma na época era enviar as cartas de demissão para as residências dos empregados que seriam desligados. Os advogados temiam que, se a demissão acontecesse na empresa, o sindicato argentino pudesse orientar os empregados a permanecer no local (uma frase repetida com frequência pelos sindicalistas era "Empresa parada, empresa tomada"). Paiva, porém, se recusou a seguir esse modelo. Para ele, o certo seria olhar nos olhos de cada um e explicar por que as atividades estavam sendo encerradas.

Durante um dia e meio ele deu expediente fora do escritório. Nesse período, repetiu 15 vezes o mesmo discurso a grupos de 10 funcionários: a empresa estava perdendo dinheiro e não tinha mais como manter o pessoal. Por isso, todos seriam demitidos. "Foi um tremendo desgaste emocional, mas não tivemos processos trabalhistas", explica ele.

A cervejaria só conseguiria avançar no mercado argentino a partir de 2003, quando a Ambev, empresa formada a partir da compra da Antarctica pela Brahma, adquiriu uma participação de 49,7% no capital total da Quilmes, num negócio de quase 645 milhões de dólares. Três anos depois, a companhia brasileira desembolsou mais 1,25 bilhão de dólares para aumentar sua fatia para 91,2% das ações da empresa.

~

O aprendizado com Paulinho e a experiência um tanto tumultuada na Argentina ainda estavam frescos na memória de Paiva quando ele foi transferido de volta ao Brasil. Havia um aspecto na área de vendas e marketing que o incomodava: na sua visão, quase tudo era feito de forma empírica. Faltava uma dose de ciência para entender o que de fato gerava resultado em termos de vendas e aumento de participação de mercado. Nessa hora, sua formação em Engenharia falava mais alto. "Pô, será que é só relacionamento? Será que método, disciplina, processo, rotina e testes não fariam diferença?", ele se perguntava.

Uma das dificuldades para medir o desempenho do setor era que toda a distribuição da cervejaria ficava nas mãos de revendedores terceirizados – quase mil empresas. Numa época pré-internet e com processos pouco padronizados, é fácil imaginar que cada uma agia mais de acordo com suas ideias do que seguindo fórmulas e controles estabelecidos pela Brahma. Muitas das revendas eram comandadas por amigos ou parentes de executivos ou ex-executivos da cervejaria. Nem todas davam lucro.

Em Recife, por exemplo, os resultados eram pífios. Sem conseguir retorno – a participação de mercado da Brahma na cidade não passava de irrisórios 4% –, os donos das distribuidoras locais decidiram abandonar o negócio. A saída para a cervejaria foi abrir uma operação de venda própria, algo inédito até então. A nova experiência foi batizada de Projeto Forró. Para tocá-la, Luiz Fernando Edmond, que a essa altura já havia retornado da Argentina e ocupava o posto de diretor regional do Nordeste, decidiu convocar Paiva.

"Tudo o que a gente queria que os revendedores fizessem, aplicamos nessa operação. Foi ótimo, porque vimos na prática o que era possível ser feito e o que não era, e isso mudou completamente nossa estrutura de vendas", afirma Adilson Miguel, ex-executivo da cervejaria e na época diretor de revendas. "Compramos um software chamado Blueprint e o usamos para recalcular toda a distribuição. O programa determinou onde deveria ficar cada revenda, o custo de operação de cada uma, a distância da fábrica, etc. Com o tempo, reduzimos o número de revendedores de mil para 200. Era menos gente, mas todo mundo ganhava mais dinheiro. Em paralelo, intensificamos a venda direta."

Ter planos de montar uma operação própria era uma coisa; colocá-los para funcionar era outra. A mudança era enorme. Implicava não apenas organizar uma equipe de vendas, mas também toda a retaguarda, para que o processo funcionasse. O escritório local, por exemplo, que emitia cinco notas fiscais por dia, só para revendedores, de repente passou a emitir quase mil, para os pontos de venda.

Cumprida a etapa de colocar tudo de pé, uma incômoda questão ainda martelava a cabeça de Paiva: "Legal, montamos tudo, mas e agora? Como a gente faz para vender mais e aumentar nossa participação de mercado? Como fazer mais que um distribuidor? Como ir além das vendas baseadas em relacionamento? A gente não tinha a menor ideia", revela. Enquanto não descobria as respostas, Paiva liberava a tensão num saco de areia instalado em seu escritório, que trazia estampados os logotipos das cervejas concorrentes.

Marcel Telles, então no comando da Brahma, também não tinha ideia de como solucionar o impasse. Mas sabia quem poderia ajudar.

~

Mineira da cidade de Ponte Nova, a economista Dorothea Fonseca Furquim Werneck era uma das mulheres mais poderosas na política brasileira no início da década de 1990. Com pouco mais de 40 anos, havia sido ministra do Trabalho entre 1989 e 1990. Em seguida, assumira a Secretaria Nacional de Economia, onde atuou nas áreas de abastecimento (de produtos como café, açúcar, álcool, borracha e cacau), preços (na regulamentação das tarifas públicas e no fim do controle de preços), comércio exterior (no processo de abertura da economia) e política industrial (com medidas que visavam ao aumento da qualidade e da produtividade das fábricas nacionais). Sob sua responsabilidade estavam também a coordenação das câmaras setoriais e a Secretaria Executiva do Programa Brasileiro de Qualidade e Produtividade (PBQP).

O Brasil vivia o começo do governo Fernando Collor de Mello e durante a gestão de Dorothea teve início o fim do congelamento de preços. Com a liberação gradual, os produtos passaram a ser classificados em quatro listas: os de preços congelados, os de preços controlados, os de liberdade vigiada e os de preços liberados. Na esmagadora maioria das empresas, palavras como eficiência e produtividade estavam distantes do vocabulário. E, em geral, para reajustar os preços dos produtos, elas precisavam de autorização do governo federal. Cabia à Brahma seguir a mesma liturgia.

Pressionado pelos altos custos de produção da bebida, Marcel agendou uma reunião com a secretária, em Brasília. "Ele chegou e foi logo reclamando de ter que colocar terno e gravata para a reunião", lembra Dorothea, bem-humorada. "Eu respondi que ele tinha vestido aquilo 'de bobo', porque não precisava."

Marcel começou a explicar por que precisava de autorização para aumentar os preços. A secretária, porém, não estava interessada apenas em ver os gastos da companhia. Na época, ela participava ativamente do PBQP, recém-criado pelo governo federal para estimular a competitividade das empresas. Entusiasta do assunto, estava interessada em melhorar a gestão no país. Dorothea queria que as empresas brasileiras deixassem de simplesmente empurrar seus custos para o consumidor e passassem a ser mais eficientes. Por isso, sua conversa com Marcel não seguiu o rumo que o comandante da cervejaria imaginava. "Quando perguntei como estava a qualidade na Brahma, ele respondeu que a cerveja era ótima. Expliquei que não estava falando disso, mas de qualidade de gestão. Marcel não fazia ideia do que eu estava dizendo", recorda Dorothea. Como atuava no setor público, ela não podia indicar consultorias privadas, mas podia recomendar paraestatais. Passou três nomes para o sócio da cervejaria.

O primeiro era do Instituto Brasileiro de Qualidade Nuclear (IBQN). O segundo, da Fundação Vanzolini (instituição privada, sem fins lucrativos, criada por professores do Departamento de Engenharia de Produção da Escola Politécnica da Universidade de São Paulo – USP). O terceiro cartão que Dorothea entregou a Marcel foi o de um professor da Fundação Christiano Ottoni (FCO), vinculada à Escola de Engenharia da Universidade Federal de Minas Gerais (UFMG), que já trabalhava com grandes empresas, como Gerdau e Usiminas. Seu nome era Vicente Falconi. Mais para agradar Dorothea – e conseguir o aumento de preços – do que por convicção, Marcel decidiu telefonar para o consultor baseado em Minas Gerais.

Marcel começou a trabalhar no Garantia no início da década de 1970, pouco depois de se formar no curso de Economia da UFRJ. Rapidamente ascendeu no banco e se tornou o mais jovem sócio da instituição. Quando foi escolhido para comandar a Brahma, achou que bastaria levar os princípios do banco para a cervejaria que tudo se resolveria. De cerveja mesmo, ele não entendia nada. Nem de fábricas. Nem de liderar milhares de funcionários – enquanto a Brahma somava quase 20 mil empregados, o Garantia tinha pouco mais de 200 pessoas. A transição não foi tão simples quanto ele pensava.

Eu tinha 20 anos de mercado financeiro e quase nenhuma experiência de mundo real... Cheguei colocando metas, remuneração variável e outros incentivos, mas isso valia basicamente para quem trabalhava comigo. Não tinha nada para o chão de fábrica, por exemplo. A impressão que eu tinha era de que estava no leme de um transatlântico, mas que o barco não estava ligado a nada. Qualquer que fosse o comando, nada acontecia. E por quê? A minha meta não era desdobrada, as metas que eu dava para as pessoas não eram desdobradas... Para piorar, nada era padronizado. Mudar alguém de cargo era uma dor de cabeça, porque, quando a pessoa deixava a posição, quem a ocupava precisava aprender tudo do zero. Não existia método nem replicabilidade. Aquilo era uma gincana colossal.

O desdobramento de metas a que Marcel se refere significava estabelecer os grandes objetivos da companhia como um todo e, a partir deles, determinar as metas de cada funcionário, começando pelo principal executivo e descendo até chegar ao nível hierárquico mais baixo. "A meta deve ser colocada de forma técnica, de modo a dar a todos a sensação de que é difícil, mas pode ser atingida", diz Falconi. Quando esse desdobramento é feito da maneira correta, todos os empregados sabem exatamente o que a empresa espera deles e qual será seu papel para que a companhia atinja os objetivos anuais. Entender essa lógica é fácil. Executá-la – bem como padronizar esse processo –, nem tanto.

Engenheiro de formação e apaixonado pelo modelo japonês de gestão, Falconi era, em quase tudo, a antítese de Marcel. Enquanto o consultor pregava método, análise e paciência para resolver problemas, Marcel, atolado em uma miríade de dificuldades a serem resolvidas na empresa recém-comprada, buscava soluções "para ontem".

Falconi era, àquela altura, um cinquentão que passara boa parte da carreira dentro de universidades. Depois de formado em Engenharia pela UFMG, em 1963, fizera mestrado e doutorado também em Engenharia na prestigiada Colorado School of Mines, nos Estados Unidos (em 1968 e 1971, respectivamente). Desde 1964 dava aulas na universidade mineira. Fora ali que, ao lado do colega José Godoy, começara a trabalhar na Fundação Christiano Ottoni, consultoria cujo objetivo era melhorar a qualidade das empresas brasileiras. Ainda que ele estivesse próximo de algumas grandes companhias, seu habitat natural era o mundo acadêmico.

A filosofia que pregava baseava-se em uma sigla conhecida como PDCA (*Plan, Do, Check, Act*; em tradução livre, Planejar, Executar, Checar e Atuar Corretivamente), que se tornara popular no Japão pós-guerra graças ao teórico americano William Edwards Deming. Em linhas gerais, ela consiste em quatro passos: identificação de um problema, elaboração e implementação de um plano para resolvê-lo, checagem dos resultados obtidos e padronização dos processos (e eventuais ajustes). À primeira vista, pode parecer bastante simples, e de fato é. A força dessa metodologia está na repetição contínua do ciclo, algo que exige uma boa dose de disciplina e tempo – tempo que Marcel inicialmente julgava não ter.

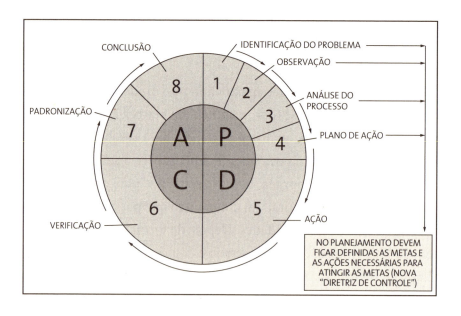

Ciclo PDCA para melhorias

No começo do trabalho de Falconi na Brahma, era comum que os estilos tão diferentes entrassem em choque. "Eu tenho esse jeito de querer resolver tudo na hora e o Falconi vinha com aquele estilo de professor", explica Marcel. Ele conta que certa vez explodiu ao conversar com um grupo de executivos que analisava um problema seguindo o método proposto por Falconi. Uma das ferramentas que o Professor (como Falconi ficaria conhecido na companhia) havia ensinado era o chamado Diagrama de Ishikawa. Nesse gráfico se discriminam as causas e os efeitos de determinado problema numa figura que lembra uma espinha de peixe. Foi a gota d'água para o cervejeiro de primeira viagem. "A gente estava lá, matando três leões por dia, e o pessoal analisando gráfico... Eu me aborreci e disse que todo mundo ficava discutindo espinha de peixe em vez de agir... Foi péssimo", reconhece Marcel.

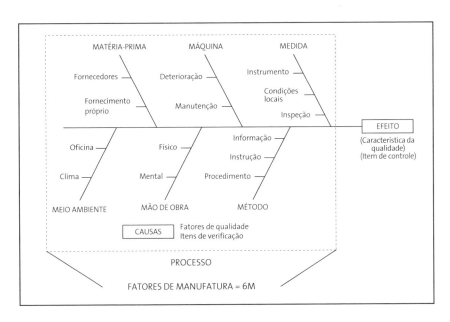

Exemplo de um Diagrama de Ishikawa para correlação do efeito e suas causas

Aos poucos Falconi conseguiu avançar com seu método. Curiosamente, foram os mais jovens – gente como Carlos Brito, que viria a se tornar o CEO mundial da AB InBev anos depois, e Luiz Fernando Edmond, atual *Chief Sales Officer* (CSO) da AB InBev – que compraram a ideia. A maior apoiadora de Falconi nesse início, porém, era Regina Langsdorff. Engenheira química, Regina era uma das raras veteranas na cervejaria. Havia entrado em 1973 e permaneceria na empresa até se aposentar, em 2005.

Quando Marcel levou Falconi para a companhia, Regina era a responsável pela administração dos laboratórios. Metódica, disciplinada e preocupada com a qualidade, ela encontrou em Falconi o aliado perfeito para melhorar os processos da empresa. Na época, a falta de padronização era tamanha que até a composição da cerveja variava entre as fábricas e os mestres cervejeiros. "Regina foi a pessoa que abraçou a ideia, a embaixadora do método. Ela se tornou uma espécie de tradutora do Falconi dentro da empresa", diz Edmond.

O modo de estabelecer as metas da companhia foi padronizado seguindo a recomendação do Professor de serem compostas por três partes: um objetivo gerencial, um valor e um prazo (exemplo: aumentar as vendas, em 10%, em 12 meses). A partir daí, elas eram desdobradas para todos os níveis da organização. Os ganhos de produtividade obtidos com a solução dos problemas operacionais se transformavam em lucro e o gigantesco navio que inicialmente parecia navegar por conta própria agora passava a responder aos comandos de Marcel. "De repente, o leme foi ligado ao motor do transatlântico. Mudou tudo", diz ele.

Anos depois, quando viu Bernardo Paiva lutando com o Projeto Forró em Recife, a imagem do transatlântico voltou à cabeça de Marcel. Só havia uma pessoa capaz de ajudar Paiva a colocar o navio na rota certa: Vicente Falconi.

Bernardo Paiva embarcou para um treinamento de uma semana em Minas Gerais, na sede da FCO, em 1996, sem muita certeza do que encontraria nas aulas ou de como elas poderiam ajudá-lo a resolver o pepino em Recife. A cervejaria não tinha muitas pistas de como poderia estimular o aumento de vendas e havia muito mais perguntas que respostas: será que colocar mesa e cadeira no bar ajuda a vender cerveja? E se pintar o ponto de venda? Se o lugar tiver música ao vivo o cliente fica mais tempo – e bebe mais? Seria possível replicar, no setor de vendas, um ambiente "aberto" à influência dos concorrentes, o mesmo método já usado nas fábricas, que são ambientes "fechados" nos quais todas as etapas do processo podem ser controladas? Tudo eram hipóteses.

Durante cinco dias, Paiva fez uma imersão no método do Professor. Mergulhou em fórmulas estatísticas. Incorporou conceitos ao vocabulário. Foi treinado para pensar na solução de problemas de forma analítica. Para sua surpresa, porém, aprendeu que, embora método e conhecimento fossem importantes no sucesso de uma empresa, para o Professor nada era mais crucial que gente. "Eu esperava que um cara que é engenheiro, treinado no Japão e tal, destacasse equipamentos, máquinas, sistemas. Mas aí o cara vira pra você e diz que 70% é liderança. Que gente faz a diferença. E isso mudou tudo pra mim", lembra Paiva.

Depois do treinamento inicial, a cada dois meses Paiva se reunia com Falconi e Regina para apresentar os resultados do projeto e fazer eventuais correções. Diversas vezes ele e o Professor percorreram juntos rotas de vendedores, para ver de perto como era o trabalho. Durante o processo, ficava cada vez mais claro para todos que relacionamento não era nem de longe o único fator capaz de estimular as vendas. A chave era o conhecimento.

O trabalho com Falconi serviu de base para que Paiva coordenasse a redação do primeiro manual de vendas da companhia. Os vendedores da Brahma enfim deixariam de trabalhar usando apenas bom senso e relacionamento e teriam uma dose de ciência em que se apoiar. Rotina. Método. Padrões. E a capacidade de replicar tudo isso indefinidamente. Só faltava explicar para o time de vendedores como a nova fórmula iria funcionar. Segundo Paiva, esse foi outro grande desafio.

O processo de vendas ficou como um fluxograma de uma linha de produção. Mas era preciso traduzir aquilo para o vendedor. Decidimos transformar o processo todo numa agenda: segunda-feira, 7 horas da manhã, faça isso. Às 8 horas, faça aquilo, e assim por diante. Quando ficou pronto, eu mostrei pro Brito [Carlos Brito, à época diretor de vendas da Brahma] e disse que aquele era o melhor jeito de explicar para 10 mil pessoas que não entendiam nada de fluxograma. Agenda todo mundo ia entender. E as pessoas começaram a trabalhar sem necessariamente saber que estavam seguindo o método. Muita gente acha que seguir método é uma chatice, certo? Mas agenda não parece chatice... Quando você consegue estabelecer uma rotina, a execução melhora. Mesmo um cara que antes tinha um desempenho abaixo da média melhora seu resultado ao seguir os processos.

Criada a rotina, foi possível começar a fazer testes para aferir o que de fato aumentaria as vendas – e em quanto. Paiva se lembra da ocasião em que, em conversa com Falconi, garantiu que colocar mesa e freezer da cervejaria em bares aumentava as vendas. O Professor perguntou se ele sabia qual o impacto de cada item. Paiva não fazia ideia. Falconi recomendou que ele realizasse testes: alguns bares receberiam mesa, outros ganhariam freezers e um terceiro grupo teria todo o material da cervejaria. Não foi necessário esperar muito tempo para perceber que mesas e freezers instalados juntos davam mais resultado do que apenas um dos itens. Uma conclusão baseada totalmente em estatísticas e zero em "achismos". Descobertas aparentemente simples como essa aumentaram a capacidade da cervejaria de tomar decisões comerciais mais acertadas. Em menos de quatro anos, sua participação de mercado em Recife mais que triplicou, alcançando 14,2%.

Ficava para trás a Brahma que não sabia sequer quantas garrafas eram comercializadas por ponto de venda nem a que preço. Ficava para trás a empresa sem controles, incapaz de responder rápido a qualquer movimento da concorrência. Ao tomar para si a distribuição e colocar método no processo, a Brahma crescia – e sua "máquina de vendas", engendrada a partir do piloto no Nordeste, se sofisticava. A Brahma se transformou em Ambev com a compra da Antarctica, em 1999. Depois arrematou cervejarias na América Latina. Foi adquirida pela belga Interbrew em 2004, formando a InBev – e mantendo os brasileiros no comando. Em 2008, comprou a gigante americana Anheuser-Busch, fabricante da icônica Budweiser e então a maior cervejaria do mundo. Durante toda essa trajetória longa e expansionista, os preceitos do Projeto Forró foram incorporados às novas operações. "Todo mundo fala na nossa eficiência em custo, mas a nossa eficiência em vendas foi fundamental para garantir o sucesso da companhia nesses anos todos", diz Luiz Fernando Edmond. Ele conta como o sistema se sofisticou:

Hoje, na maioria dos países em que atuamos, temos a informação por ponto de venda. Estamos falando de algo entre 5 e 7 milhões de pontos de venda, excluindo a China... Cruzamos essas informações com dados disponíveis nas mídias sociais e conseguimos ajustar o portfólio e as ações de marketing para cada um desses lugares. Quando vamos entrar num país novo, como decidimos em qual marca in-

vestir, a que preço e em que pontos de venda? Com base em dados. No passado a gente não tinha dados para nada. Os fundamentos da nossa organização hoje são três: gente muito boa na companhia inteira, desenvolvimento de processos e gestão dos processos através dos resultados. Isso é cem por cento Falconi.

Um dos passos mais avançados da AB InBev recentemente, no sentido de azeitar sua estratégia de vendas, foi firmar uma parceria com a Universidade de Illinois, em Chicago, em 2013, para criar o Bud Lab. Ali, ph.Ds. coletam e analisam dados que são usados para definir as políticas comerciais e de marketing em todo o mundo, usando desde ferramentas de geolocalização a algoritmos para definir preço. Mais científico, impossível. "A gente 'engenharizou' esse negócio. Tudo o que o vendedor precisa ter está hoje no celular ou no tablet. Por GPS a gente consegue saber se o vendedor esteve pessoalmente num ponto de venda ou não", explica Edmond.

Falconi, que em 1997 se tornou membro do conselho de administração da Brahma (à época, as outras três cadeiras eram ocupadas pelos sócios Lemann, Marcel e Beto), resume a força da engrenagem que ajudou a criar:

É algo fora do comum você ter milhares de vendedores pensando igual, cada um com sua meta, agindo de uma forma muito disciplinada. Quando você tem uma máquina desse tamanho funcionando com um processo muito especificado, fica difícil lutar contra ela. Na Ambev, uma alteração na estratégia de vendas leva menos de 24 horas para chegar lá na ponta, no vendedor. Na maioria das empresas uma mudança comercial pode levar dias ou até semanas para alcançar todos os funcionários. Lá, qualquer movimento do mercado é percebido rapidamente – e a reação é quase instantânea.

A máquina percebe tudo, sabe tudo, fala tudo, instrui tudo.

Duas décadas se passaram desde que Paiva liderou o Projeto Forró. Nesse período, ele assumiu diversos cargos na cervejaria, no Brasil e no exterior, e desde janeiro de 2015 ocupa o posto de diretor-geral da Ambev, uma gigante de 35 mil funcionários e faturamento de 46 bilhões de reais em 2016. "Hoje temos canais de vendas novos, o consumidor se comporta de forma diferente, lidamos com uma linha mais ampla de produtos. Mas nosso *mindset* é essencialmente o mesmo: criar rotinas, ter processos, fazer testes de mercado de forma científica, encarar um problema como algo bom, que pode ser resolvido", conta ele.

A Ambev se tornou uma das maiores vitrines do modelo de gestão proposto por Falconi, mas não a única. O Professor levou seus conceitos a todas as empresas controladas por Lemann, Marcel e Beto, como Kraft Heinz, Burger King e Lojas Americanas. O encontro entre o trio de empresários e Falconi se provou uma simbiose perfeita. Com o consultor, os ex-banqueiros aprenderam o poder da eficiência. "Eu sempre achei que a força do Falconi era esse negócio de racionalização: botar ordem, organizar o pensamento, as prioridades, e fazer uma boa rotina... Nossas empresas não seriam tão eficientes se não fosse pela ajuda que ele deu desde o início", diz Lemann. Falconi, por sua vez, incorporou ao seu método atributos que conheceu de perto com o trio.

Eu só fui aprender o que era foco financeiro na Brahma. As pessoas pensam que o foco financeiro é você trabalhar para ganhar dinheiro, mas não é isso. Foco financeiro é você trabalhar acreditando que a métrica financeira é de fato a métrica que traduz se a empresa está melhorando ou não. É um conceito totalmente diferente. Se você pensar só em ganhar dinheiro, vai deixar de desenvolver novos produtos, vai deixar de treinar pessoas para poder gerar mais dinheiro, vai fazer besteira e acabar se "estrumbicando" mais na frente. O que eu falo é de utilizar alguns indicadores financeiros que traduzam a eficiência da máquina. O Ebitda, por exemplo [sigla em inglês para lucro antes de juros, impostos, depreciação e amortização], é um indicador que mostra, em linhas gerais, se você está comprando, fabricando e vendendo bem e se sua precificação e sua prática de marketing estão certas. Essa é uma meta fundamental a ser estabelecida. Com os japoneses, eu aprendi informações estanques sobre técnicas de padronização, mas não tinha essa visão do foco financeiro e da implicação que isso tem no gerenciamento. Isso eu aprendi com os três.

A lição ensinada pelo trio seria transformadora para o consultor. "Nós demos 'dente' para o método [do Falconi]", define Marcel Telles, usando uma linguagem típica da cultura criada por ele e seus sócios. Nas décadas seguintes, Falconi levaria essa combinação poderosa de disciplina e foco financeiro para gigantes como Gerdau, Sadia (depois BRF), Unibanco e dezenas de outras companhias no Brasil e no exterior.

Nenhum outro consultor brasileiro se tornaria tão influente na esfera pública quanto ele. Nos últimos 20 anos, Falconi se envolveu em projetos em diversos municípios e estados do país. Ele foi um dos artífices do maior programa federal para redução do consumo de energia elétrica, em 2001, quando o país viveu o risco de um "apagão" – as metas de consumo estabelecidas para clientes comerciais, industriais e residenciais foram ditadas por ele.

Ao longo de mais de quatro décadas, Falconi passou de um professor de Metalurgia baseado em Belo Horizonte ao mais prestigiado pensador da gestão no Brasil. A pequena Fundação Christiano Ottoni deu origem à empresa que hoje leva seu sobrenome: Falconi Consultores de Resultado. Com quase 700 profissionais no Brasil e no exterior, ela é atualmente uma das maiores e mais respeitadas consultorias do país. Sua força advém, sobretudo, da capacidade de identificar e implementar processos capazes de solucionar problemas. Seus profissionais não apenas fazem diagnósticos, "mas colocam a mão na massa".

No método criado por Falconi, execução é palavra de ordem – e o que importa, no fim das contas, é o resultado obtido.

CAPÍTULO 2

Sem educação, vai tudo pro beleléu

A cidade de Niterói, na região metropolitana do Rio de Janeiro, ainda guardava um certo ar de vilarejo quando Vicente Falconi Campos nasceu, em 30 de setembro de 1940. Na época, poucos carros passavam por seu bairro e era possível ouvir o apito dos navios na baía de Guanabara, a quase 3 quilômetros de sua casa. Árvores frutíferas se multiplicavam pelas chácaras da vizinhança. Quando o cheiro de fruta madura inundava o ar, a criançada fazia a festa.

Seu pai, Alcides Nogueira Campos, trabalhava como vendedor da distribuidora de combustível Esso, e sua mãe, Rosalina Falconi Campos, que completara o curso Normal, para formação de professores, era dona de casa. O casal teve três filhos: Vicente, o primogênito, Magnolia e Angela. O garoto teve uma infância simples. Costumava pescar num riacho perto de casa, empinar pipa, ir à praia com os amigos, soltar balões durante as festas juninas (na época, a atividade era permitida). Perto da adolescência, começou a nadar no Clube Gragoatá. Pulava na piscina e só saía após dar, no mínimo, 2 mil metros de braçadas.

Falconi sempre foi bom aluno. Aprendeu a ler e escrever na casa de dona Odete, professora particular que dava aulas para um grupo de oito crianças em sua casa. Estudou em diversas escolas – públicas e particulares – não só em Niterói, mas também por breves temporadas em São Paulo e no Rio de Janeiro, em mudanças sempre motivadas por transferências de trabalho de seu pai. Nas salas de aula, costumava sentar-se nas fileiras da frente e jamais ficou em recuperação. Os amigos de Niterói o apelidaram de "Cabeça", não só pelas boas notas que tirava, mas principalmente pelo tamanho da cabeça do garoto. "Não tinha esse negócio de bullying... Era uma brincadeira do pessoal, que nunca considerei pejorativa", diz ele.

O gosto pelo estudo era estimulado sobretudo por Alcides, que perdeu os pais aos 8 anos e foi criado pela irmã mais velha. Teve uma vida difícil e não conseguiu completar sequer o antigo curso primário (hoje equivalente aos primeiros anos do ensino fundamental). Antes de ser contratado pela Esso, trabalhou como candeeiro, guiando carros de boi, e balconista de armazém. O que lhe faltava em educação formal sobrava em esforço e curiosidade. Treinava caligrafia para conquistar uma letra bonita e lia muito. Toda noite, após o jantar, costumava se sentar numa poltrona da sala e ler por algumas horas antes de dormir. Falconi se lembra da influência do pai e de seu entusiasmo pela educação:

Certa vez, estávamos saindo de casa umas 4 horas da manhã e vimos uns caras carregando barras de gelo enormes. Na época a geladeira elétrica não existia, então a única maneira de manter os alimentos refrigerados era guardando numa caixa com gelo – e esse gelo era entregue diariamente nas casas das pessoas e nos estabelecimentos comerciais. Meu pai virou para mim e falou: "Filho, está vendo aquele cara ali? De madrugada, com um frio desses, e carregando barra de gelo? Essa não é a vida que você quer para você, é? Sabe o que vai te tirar disso? Educação. Quanto mais você for à escola, quanto mais estudar, mais longe vai ficar dessa situação." Papai não esticava muito o papo. Dava o recado e pronto. Não perdia uma chance de dar um exemplinho.

Quando Vicente tinha 17 anos, a Esso promoveu Alcides a gerente e a família se mudou de vez para a capital mineira. Ele cursava o terceiro ano do antigo científico (hoje, ensino médio) e começou a fazer cursinho preparatório para o vestibular. Já fazia tempo que pensava em estudar Engenharia. Dedicava-se aos estudos com afinco. "Engraçado, eu achava que estudava pouco, mas, quando comparava o que tinha feito com os colegas, via que tinha me dedicado muito mais do que os outros", recorda. Ultradisciplinado, o adolescente fazia todos os exercícios dos livros. Ao lado de cada um que resolvia corretamente, colocava uma bolinha vermelha. Preencher as páginas com dezenas de pontos coloridos era uma vitória para Falconi – e uma das suas primeiras grandes metas. O jovem foi aprovado para uma das 15 vagas do curso de Engenharia Metalúrgica da UFMG, a única para a qual havia prestado vestibular. Alcides ficou eufórico: seu filho Vicente, o garoto de origem humilde nascido em Niterói, seria o primeiro membro da família a ter diploma universitário.

Durante os dois primeiros anos do curso, a rotina de Falconi se resumia a ir para a universidade de manhã e estudar em casa depois das aulas. Era um típico nerd. Do terceiro ao quinto ano, trabalhou como monitor da faculdade, o que lhe garantia uma graninha no final do mês. Além disso, sempre que podia, inclusive nas férias, ele buscava estágios em siderúrgicas da região.

Foi um desses estágios, na antiga subsidiária brasileira da alemã Mannesmann (adquirida em sua totalidade pela francesa Vallourec em 2005), que lhe rendeu o primeiro emprego: um cargo de engenheiro assistente do forno elétrico de redução. Já formado, ele dedicaria parte do seu tempo à siderúrgica e parte à UFMG, onde começou a trabalhar como professor assistente.

A vida do recém-formado seguia tranquila até que, num domingo de 1965, tudo mudou. Falconi ainda morava com os pais e estava em casa, entediado. A televisão transmitia apenas programas locais, em preto e branco, nada atraentes para o jovem. Ele resolveu ler *O Estado de Minas*, principal jornal da região. Entre uma matéria e outra, viu um anúncio para concorrer a uma bolsa da Comissão Fulbright para estudar nos Estados Unidos.

Mesmo sem nunca ter ouvido falar naquilo, Falconi se animou com a ideia. O programa fora criado cerca de duas décadas antes pelo governo dos Estados Unidos, com o objetivo de estimular estudantes de pós-graduação, professores e pesquisadores de diversos países a fazer intercâmbio. No Brasil, a Fulbright desembarcou em 1957 (desde então, 3.500 brasileiros receberam bolsas para estudar nos Estados Unidos e cerca de 3 mil americanos vieram para cá). O único problema era que as inscrições se encerrariam no dia seguinte. Se quisesse participar da seleção, ele precisaria correr.

Na segunda-feira, Falconi chegou à Mannesmann para dar expediente às 7 da manhã. Duas horas depois, entrou no seu fusca e dirigiu até o Consulado Americano em Belo Horizonte para fazer a inscrição. Jovens do Brasil todo concorreriam à bolsa, e as principais etapas do processo, como provas e entrevistas, seriam em inglês. Ele não se preocupava com os testes do idioma. Por determinação do pai, começara a ter aulas de inglês aos 8 anos. "Ainda era um inglês meio macarrônico, mas eu já falava", comenta.

Alguns meses se passaram, até que finalmente o consulado avisou a Falconi que ele fora o escolhido. O jovem se licenciou na Mannesmann e na UFMG e, em julho de 1966, estava de malas prontas para viajar. Antes de começar o mestrado na Colorado School of Mines, passaria quase seis semanas em Pittsburgh, no estado da Pensilvânia, estudando inglês. Seria sua segunda temporada nos Estados Unidos – em 1961 ele estagiara por quase três meses em duas empresas americanas, a Hanna Mining e a Weirton Steel. Dessa vez, porém, seu desembarque no país seria bem mais desastrado que na anterior.

Saí do aeroporto, olhei para o táxi e me dei conta de que não tinha o endereço da escola! Naquela época não tinha celular, e-mail, WhatsApp, nada, então foi um problemão. Eu simplesmente não sabia para onde ir. Procurei um guarda e expliquei a situação, mas estava tão nervoso que nem o nome da escola eu lembrava. O cara olhou para mim, coçou a cabeça e falou que iria me levar à delegacia para resolver o que fazer. No caminho, eu me lembrei do nome da faculdade: Chatham College [hoje Chatham University]. O resultado foi que cheguei lá numa viatura da polícia. Belo começo...

~

Em maio de 1958, pouco antes da estreia do Brasil na Copa do Mundo da Suécia, o escritor e dramaturgo Nelson Rodrigues escreveu um artigo para a revista *Manchete Esportiva* discorrendo sobre os obstáculos que a seleção de futebol enfrentaria. Para ele, nada era pior que um sentimento que chamou de "complexo de vira-latas", que minava a autoconfiança dos jogadores. "Por 'complexo de vira-latas' entendo eu a inferioridade em que o brasileiro se coloca, voluntariamente, em face do resto do mundo", escreveu Nelson. Felizmente, a seleção conseguiu superar a síndrome e venceu sua primeira Copa.

Ao desembarcar no Colorado para o mestrado, Falconi carregava, mesmo sem saber, o complexo apontado por Nelson Rodrigues anos antes. Quando chegou à universidade, ele ficou ao mesmo tempo embasbacado e atemorizado pelo mundo novo que se revelava a sua frente. "Tudo lá era espetacular, tudo era coisa que eu nunca tinha visto", lembra ele.

A saída para lidar com esse universo desconhecido – e compensar uma suposta deficiência – foi mergulhar nos estudos. Falconi praticamente não tinha vida social. Passava os dias debruçado sobre os livros. Como telefonemas e passagens aéreas eram luxos que não podia bancar, ficava isolado, distante da família. "Passei meu primeiro Natal lá sozinho, sentado no meio-fio e chorando", conta.

A tensão era tanta que ele começou a discutir até com o corpo acadêmico. Depois de receber uma prova corrigida pelo professor de Termodinâmica, Falconi foi reclamar da nota, que julgava mais baixa do que merecia. O professor aumentou um pouco – e novamente Falconi reclamou. Irritado, o professor lhe disse que a nota estava "boa demais para um sul-americano". O jovem, em geral controlado, perdeu a compostura. Gritou que dali para a frente só tiraria nota máxima na matéria. Ao sair da sala, bateu a porta de vidro com tanta força que a quebrou.

A obsessão com as notas o dominou de tal forma que a certa altura ele não conseguia mais dormir. Depois de três noites quase sem pregar o olho, Falconi procurou um médico na própria universidade. Bastou conversar um pouco com o aluno para o médico perceber que o problema era estresse. Em vez de receitar remédios, o doutor disse que falaria com o chefe do departamento em que o jovem estudava.

Horas depois, Falconi foi chamado à sala do professor, com quem travou o seguinte diálogo:

– Sr. Campos, o senhor tem carro?

– Tenho.

– Então, eu vou lhe dar 800 dólares.

– Para quê?

– Para passear. Você não pode estudar, porque o médico entrou em contato comigo e disse que você está exausto. Suas notas estão ótimas. Agora você precisa descansar um pouco o cérebro.

Falconi estranhou, mas obedeceu. Convidou a namorada da época para acompanhá-lo, entrou no seu Ford e partiu sem rumo pelas estradas do Meio-Oeste americano. A viagem o acalmou e ele conseguiu concluir o mestrado sem se meter em novas discussões com professores – e sem estilhaçar outras portas de vidro.

Ao retornar ao Brasil, em 1968, Falconi retomou o trabalho na Mannesmann e na UFMG, mas percebeu que a antiga rotina já não lhe satisfazia mais. Pediu demissão da empresa e decidiu concentrar-se na universidade. "Eu voltei para fazer o mesmo trabalho na Mannesmann, mas aquele mundo tinha ficado pequeno para mim", recorda ele. Em pouco tempo, conseguiu uma bolsa do Conselho Nacional de Desenvolvimento Científico e Tecnológico (CNPq) e voltou ao Colorado, em 1969, para fazer doutorado.

Foi nessa época, durante uma de suas visitas de férias ao Brasil, que Falconi se aproximou da jovem Marilda Batista Miranda, cinco anos mais nova que ele e amiga de sua irmã Angela. Nascida na pequena cidade de Joaíma, no Vale do Jequitinhonha, em Minas Gerais, Marilda vinha de uma família de fazendeiros. A partir dos 7 anos foi educada em colégios internos religiosos – passou por três até a adolescência –, de onde só saiu para cursar a faculdade de Letras na Pontifícia Universidade Católica de Minas Gerais (PUC Minas), em Belo Horizonte.

Ela estava no segundo ano de faculdade quando conheceu Vicente, em 1970. "Muito prazer. Me falaram que você se parecia com o Tostão, mas eu não acho", disse ela, referindo-se ao jogador de futebol, quando foram apresentados. Marilda era uma moça bem-educada e refinada, de personalidade forte. Em pouco tempo os dois começaram a namorar.

Cerca de um mês depois do início do relacionamento, Falconi perguntou a Marilda se ela gostaria de fugir com ele para o Colorado – suas aulas recomeçariam em agosto. A primeira reação da moça foi de susto. "Aqui em Minas não é assim, não!", respondeu. Num pedido um tanto "torto", ele então explicou que gostaria de se casar com ela. Em menos de três meses de namoro, estavam casados. Marilda trancou a faculdade e mudou-se com o marido para a pequena Golden, cidade onde se situava a Colorado School of Mines, sem tempo sequer para fazer enxoval.

Lá mantinham uma vida simples com os 450 dólares que Falconi recebia mensalmente do CNPq. Marilda aproveitou a temporada para assistir, como ouvinte, a aulas nos cursos de Artes, Literatura e Língua Inglesa. Nove meses depois da mudança, engravidou da primeira filha do casal, Cristina. Era também a reta final do doutorado do marido. "Foi uma época muito difícil", diz Marilda. "Ele estava muito nervoso com a defesa da tese e vivia no laboratório." A filha nasceria em janeiro de 1972, e no mês seguinte a família embarcaria de volta e em definitivo para o Brasil. Falconi agora era um ph.D.

~

Ao voltar ao país, Falconi dedicou-se durante um tempo apenas à vida acadêmica, trabalhando em tempo integral como professor na UFMG. Em 1975, porém, com mais uma filha – Juliana nascera em dezembro de 1974 –, decidiu que era hora de retomar a atividade na iniciativa privada. Com diplomas de mestrado e doutorado, não foi difícil encontrar emprego. Começou a trabalhar na companhia Aços Especiais de Itabira (Acesita), como assessor de pesquisa e desenvolvimento da vice-presidência.

Fundada em outubro de 1944, a siderúrgica mineira era, na época, uma das maiores produtoras de aço do país (seria privatizada em 1992 e, em 1993, registraria o primeiro ano de lucro de sua história; desde 2011, faz parte do grupo internacional Aperam). Falconi visitava as usinas da Acesita o tempo todo e acompanhava de perto os detalhes da produção. Cada vez mais incorporava expressões como "controle", "diminuição de desperdício" e "produtividade". Nessa época travou contato com consultorias japonesas que prestavam serviço para a siderúrgica.

~

O conceito de qualidade total, baseado no controle estatístico de processos, havia começado a ganhar corpo entre o final dos anos

1920 e o início da década de 1930 graças ao trabalho do engenheiro, físico e estatístico americano Walter A. Shewhart. Foi na Bell Laboratories, braço de pesquisa da companhia de telecomunicações AT&T onde trabalhavam quase 4 mil cientistas e engenheiros, que Shewhart desenvolveu seus gráficos de controle da qualidade.

Entre os cientistas influenciados por seu trabalho estavam o também americano William Edwards Deming e o romeno naturalizado americano Joseph Moses Juran. Ambos eram engenheiros cerca de 10 anos mais novos que Shewhart e o tomariam como uma espécie de mentor. Deming se tornou o maior disseminador do conceito de PDCA, engendrado por Shewhart. O modelo de gestão baseado na qualidade total em pouco tempo se espraiou por grandes companhias americanas.

Com o fim da Segunda Guerra Mundial, o Japão, um dos países mais devastados pelo conflito, buscava sua reconstrução. Faltavam aos habitantes itens básicos como moradia, comida e roupas. A indústria estava destruída. Durante sete anos, a partir da rendição japonesa, o país foi ocupado pelas Forças Aliadas, encabeçadas pelos Estados Unidos. Assim que aportaram no Japão, os americanos perceberam que havia um obstáculo gigantesco para orquestrar a recuperação do país: seu sistema de comunicações era péssimo. Em maio de 1946, instruídos pelos americanos, os japoneses começaram a usar sistemas de qualidade total para resolver o problema.

A combinação entre a disciplina japonesa e o sistema americano tornou-se poderosa. Em pouco tempo, o conceito de qualidade total não só havia dominado o setor de telecomunicações como também começava a ganhar terreno em outros ramos. Em 1950, Deming viajou ao Japão pela primeira vez para participar de um seminário de gestão da qualidade, a convite da Juse, associação criada quatro anos antes para reunir os melhores engenheiros e cientistas do país (em 1954, Juran receberia o mesmo convite).

A indústria japonesa percebia que, pelo controle estatístico, podia se tornar mais produtiva, diminuir o desperdício, fabricar produtos melhores. A princípio, o movimento ficou restrito aos círculos de engenheiros e técnicos. Para chegar ao topo das organizações e ao corpo gerencial foi preciso promover quase uma "lavagem cerebral": simpósios, seminários, livros e até cursos por correspondência. Para engajar os operários, criaram-se os chamados círculos de controle da qualidade, em que os participantes – todos voluntários – buscavam aprender conceitos estatísticos para resolver problemas reais que encontravam no trabalho.

Com adaptações como essa – e uma dose avassaladora de persistência –, o modelo japonês acabaria obtendo resultados ainda mais expressivos que o ocidental. "O Japão fez muito bem a educação da sua gestão da qualidade. Mas levou 10 anos para que essa educação desse resultado, para que a qualidade melhorasse e para que a produtividade deslanchasse", disse Juran, reverenciado por sua contribuição às empresas do país durante um evento em 1981.

Falconi encantou-se pelo sistema que começou a aprender com os consultores que trabalhavam na Acesita. "O primeiro PDCA que eu vi na vida foi no relatório dos japoneses", diz. "Dei de cara com aquele desenho feito à mão – todos os relatórios deles eram à mão, não datilografados – e perguntei o que era. Quando me explicaram, achei muito bacana e comecei a estudar aquilo mais a fundo." Ao mergulhar no assunto, Falconi entenderia que com o PDCA poderia resolver qualquer problema e, uma vez que a solução fosse encontrada, seria necessário padronizar o novo processo utilizando o SDCA (sigla cuja única diferença em relação ao PDCA é o "S", que vem do inglês *Standardize* – Padronizar). Com isso, criava-se uma engrenagem robusta para a solução de problemas e a manutenção das soluções.

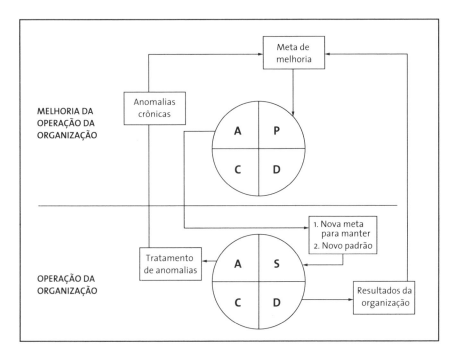

Modelo do Método PDCA utilizado para atuar de forma consistente e melhorar a operação de uma organização

Paralelamente, a Acesita passaria por uma mudança drástica que faria Falconi rever seu papel na empresa. Na primeira metade da década de 1980, o Brasil vivia sob uma ditadura militar e era comandado pelo general João Baptista de Oliveira Figueiredo. Em 1981, o governo federal nomeou como presidente da estatal o advogado pernambucano Gilberto Monteiro Pessôa, que estava longe de ser um especialista em siderurgia. Militar, Pessôa havia liderado durante uma década o escritório mineiro do Serviço Nacional de Informações (SNI), órgão criado logo após o golpe de 1964 com o objetivo de "coletar e analisar informações pertinentes à segurança nacional, à contrainformação e à informação sobre questões de subversão interna". Foi também ministro-chefe interino do Gabinete Civil da Presidência da República e ministro do Tribunal de Contas da União (TCU), chegando à presidência do tribunal, antes de assumir o comando da Acesita. Era, enfim, um homem da mais absoluta confiança do governo.

A partir da chegada de Pessôa, outros cargos foram loteados entre políticos com bom trânsito no governo federal. Falconi desanimou. "Aqui não tenho futuro... De que adianta ter estudado e trabalhado tanto?", pensou. Não havia outra coisa a fazer, exceto deixar a companhia e voltar à universidade.

~

Em meados de 1983, o professor Vicente Falconi caminhava pelos corredores da Escola de Engenharia da UFMG quando deu de cara com um japonês que vagava por ali com cara de perdido. Falconi se aproximou e perguntou se ele precisava de ajuda. Em inglês, o visitante explicou que se chamava Nobuo Sano, era chefe do Departamento de Metalurgia da Universidade de Tóquio e não falava português. Falconi bancou o anfitrião, mostrou-lhe as instalações da instituição e o levou até a sala de seu chefe.

Horas mais tarde, acompanhado de Marilda, Falconi foi para o aeroporto da Pampulha, onde embarcaria rumo ao Rio de Janeiro. Ao se sentar na poltrona do avião, tomou um susto: a seu lado estava o mesmo japonês com quem conversara na universidade. Ele não perdeu a oportunidade. Aproveitou para contar que acabara de ganhar uma bolsa de estudos da Organização dos Estados Americanos (OEA) e que em breve embarcaria para o Japão (convencer a OEA a patrocinar uma viagem para o Oriente, e não para um de seus países-membros, não havia sido tarefa fácil). Ao fim do voo, o acadêmico japonês havia prometido ao brasileiro que o ajudaria a organizar a viagem.

Semanas depois, Falconi recebeu em casa uma carta de Sano com toda a programação que o brasileiro cumpriria no Japão. Gentil, o acadêmico se preocupou até mesmo em mandar um bilhete escrito em japonês com o nome e o endereço do hotel onde Falconi se hospedaria, para que ele o entregasse ao taxista do aeroporto. O brasileiro não sabia, mas sua hospedagem seria em um hotel de luxo do governo, onde funcionários trajados a rigor recebiam autoridades estrangeiras em visita ao país. Para os japoneses, Falconi merecia tratamento cinco estrelas.

Durante duas semanas, junto com o professor Evando Mirra, Falconi visitou siderúrgicas e universidades. Viu de perto como funcionava a cultura japonesa, uma sociedade em que valores como hierarquia, tradição e disciplina são profundamente arraigados. Procurou absorver tudo, das informações das empresas a que era apresentado aos hábitos locais. "O hotel servia dois tipos de café da manhã: o americano e o japonês. Desde o primeiro dia eu fui para o japonês. Não vou lá pra comer omelete, né? Eu queria saber tudo sobre aquele povo", diz ele.

Nada, porém, chamou tanto sua atenção quanto o nível de educação dos operários nas fábricas. Em sua opinião, era esse – e não a infraestrutura das empresas – o principal atributo que fazia da indústria japonesa uma das mais poderosas do mundo:

Eu conhecia muito bem as usinas brasileiras. Naquela época, a Usiminas, por exemplo, era moderna, praticamente estado da arte. Aí eu chego no Japão e dou de cara com usinas velhas. Antigas, bem cuidadas, mas nada de tecnologia da lua. Enquanto muitas das salas de controle das usinas brasileiras eram automatizadas, as deles funcionavam no esquema manual. Mesmo assim, os japoneses batiam todos os recordes mundiais de indicadores na siderurgia, em consumo, produtividade, qualidade. Tudo deles era melhor. Por quê? A grande descoberta que eu fiz nessa viagem foi que a diferença de performance entre os japoneses e os brasileiros estava na educação das pessoas e nos sistemas gerenciais. É nisso que a nossa produtividade vai pro beleléu... Você pode ter uma usina fantástica, moderníssima e tal, mas, sem um sistema de gestão e gente que saiba tirar o melhor do equipamento, não sai do lugar. Foi visitando aquelas fábricas e vendo de perto a dramática distância que nos separava dos japoneses que eu tomei a decisão de encarar minha missão: aprender tudo aquilo e trazer o conhecimento para o Brasil.

Nenhuma empresa japonesa representaria tão bem o conceito de gestão de qualidade quanto a Toyota. Fundada em 1937, a montadora viveu sua crise mais aguda logo depois do fim da Segunda Guerra Mundial. No início da década de 1960, o então presidente, Eiji Toyoda (primo do fundador da montadora, Kiichiro Toyoda), incumbiu seu principal executivo, o engenheiro Taiichi Ohno, de aprimorar o sistema de produção da companhia. Com o dinheiro curto, desperdício era uma palavra que precisava ser riscada do vocabulário. Antes de sugerir melhorias, Ohno foi para o chão de fábrica, dividiu o processo de fabricação em todas as etapas necessárias e analisou meticulosamente cada uma delas. A partir de 1961, a montadora japonesa passaria a funcionar seguindo os princípios do que ficaria conhecido como Total Quality Control (TQC; numa tradução livre, controle da qualidade total), um modo de produção enxuto, baseado em qualidade na fabricação, melhoria contínua e estoque zero.

O TQC previa que nas fábricas qualquer operário teria autonomia para interromper a produção quando detectasse um erro. Na opinião dos japoneses, os problemas precisam ser sempre corrigidos – nunca varridos para debaixo do tapete –, e o mais rápido possível. Como cada funcionário faz parte de uma engrenagem muito bem azeitada, em que qualquer ruptura causa perda, para treiná-los vale até fazer uso de metrônomo (instrumento que estabelece um padrão fixo para os andamentos musicais) para acostumar todos a seguirem a mesma velocidade. A precisão é fundamental, uma vez que as linhas de produção operam com estoques baixíssimos – em geral, não mais que o necessário para meia hora de trabalho.

Pouco tempo depois de voltar do Japão, Falconi marcou outra viagem, dessa vez para Washington. Estava decidido a aprender sobre gestão da qualidade com o mesmo homem que levara o conceito para o Oriente: William E. Deming. Durante três dias, num gigantesco auditório para quase mil pessoas, ouviu o papa da gestão da qualidade falar sobre seus princípios. Deming, à época octogenário, deu o curso inteiro sentado numa cadeira instalada no palco. Tempos depois, Falconi faria um curso também com Juran. Ele tinha bebido direto da fonte. Conhecera os principais expoentes daquele sistema gerencial. Vira de perto os resultados no Japão (depois da primeira viagem, voltaria outras cinco vezes ao país). Agora era tratar de importar esse conhecimento para o Brasil.

CAPÍTULO 3

A busca da verdade

Nascido numa família aristocrática no vilarejo francês de La Haye, em 1596, René Descartes se transformaria em um dos mais influentes filósofos da humanidade – considerado por muitos o pai da filosofia moderna. Quando criança, estudou num colégio jesuíta e depois se formou em Direito. Já adulto, passou a se interessar por áreas como física, matemática e, sobretudo, geometria. Fascinava-se com a solução de problemas geométricos e a certa altura começou a se perguntar se não seria possível criar um método capaz de resolver todas as questões da disciplina, quaisquer que fossem.

Ao contrário da maioria dos pensadores de sua época, Descartes se valia da razão em detrimento da subjetividade. Para ele, o importante era encontrar a verdade. Opiniões, achismos, interpretações teriam, em sua opinião, pouco ou nenhum valor. Seu pensamento lógico e investigativo o levaria a publicar a obra pela qual se tornaria mais famoso, o *Discurso do método*, em 1637. No livro, não apenas formula seu aforismo mais célebre – "Penso, logo existo" – como propõe um sistema com quatro preceitos para a busca do conhecimento:

O primeiro era de nunca aceitar coisa alguma como verdadeira sem que a conhecesse evidentemente como tal; ou seja, evitar cuidadosa-

mente a precipitação e a prevenção, e não incluir em meus juízos nada além daquilo que se apresentasse tão clara e distintamente a meu espírito que eu não tivesse nenhuma ocasião de pô-lo em dúvida.

O segundo, dividir cada uma das dificuldades que examinasse em tantas parcelas quantas fosse possível e necessário para melhor resolvê-las.

O terceiro, conduzir por ordem meus pensamentos, começando pelos objetos mais simples e mais fáceis de conhecer, para subir pouco a pouco por degraus, até o conhecimento dos mais compostos; e supondo certa ordem mesmo entre aqueles que não se precedem naturalmente uns aos outros.

E, o último, fazer em tudo enumerações tão completas e revisões tão gerais que eu tivesse certeza de nada omitir.

Quase 350 anos separam a publicação de *Discurso do método* da viagem de Vicente Falconi ao Japão, mas poucas obras tiveram tanto impacto na formação do Professor quanto o tratado de Descartes. "O método que nós usamos é o cartesiano. Ele não muda. É entrar em uma empresa e procurar a verdade. Levantar números, fatos e dados. Porque aquele negócio de 'Eu acho que...' não dá. Todo mundo acha alguma coisa, mas isso não resolve nada. Só é possível tomar uma ação em cima da verdade", diz o Professor.

~

Desde a década de 1950 o governo brasileiro adotava uma estratégia de industrialização protecionista, baseada na substituição de importações, que começou pelos bens de consumo duráveis e chegou aos bens de capitais. O II Plano Nacional de Desenvolvimento, de 1975, estabeleceu uma elevação de 30% até 100% nas tarifas de importação – o que, na prática, funcionou como uma barreira aos produtos estrangeiros. Certificados de importação foram vinculados a depósitos prévios e uma lista de produtos proibidos foi criada (o famoso Anexo C da Carteira de Comércio Exterior do Banco do Brasil – Cacex). Em 1985, a importação de bens de capital caiu para um quinto do volume verificado uma década antes. Também nessa época surgiu a reserva de mercado no setor de informática: o país só podia consumir computadores e outros eletrônicos produzidos localmente. Não é de se estranhar que, com todas as barreiras protecionistas, setores inteiros tenham ficado cada vez mais distantes do padrão internacional, oferecendo produtos com qualidade inferior à dos similares estrangeiros.

Sem concorrência externa, até o fim dos anos 1980 as empresas brasileiras tinham também liberdade quase irrestrita para determinar a margem de lucro que quisessem – e simplesmente repassá-la para os preços dos produtos. A preocupação em reduzir custos e ganhar eficiência, portanto, era mínima.

Se quisesse começar a catequizar as empresas brasileiras, Vicente Falconi deveria iniciar pelo básico.

~

Como quase tudo o que se referia a qualidade era novo por aqui, Falconi decidiu começar sua pregação com conceitos simples, como o 5S, um conjunto de regras criado no Japão para garantir ordem e limpeza no ambiente de trabalho. Como o nome indica, o programa tem cinco etapas ou "sensos", que no idioma original começam sempre com a letra "S":

1. Seiri (senso de utilização): separação do que é útil do que é inútil e eliminação do que é desnecessário.
2. Seiton (senso de arrumação): ordenação do ambiente de trabalho, colocando cada coisa em seu lugar certo.
3. Seiso (senso de limpeza): manutenção do local de trabalho limpo.

4. Seiketsu (senso de saúde e higiene): manutenção de um ambiente favorável à execução das tarefas, usando os equipamentos de segurança de forma adequada.
5. Shitsuke (senso de autodisciplina): garantir que todos os demais sensos sejam executados de forma correta e contínua.

Parece chato e monótono – e é –, mas programas como o 5S ajudam a estabelecer uma rotina de trabalho mais produtiva. Uma vez que tudo esteja limpo, organizado e apenas o essencial seja mantido, fica muito mais fácil e rápido desempenhar as ações corriqueiras. Apoiado em ferramentas como essa, o Professor começou a embrenhar-se em um novo ramo: o de consultoria.

No início, tudo acontecia por meio da Fundação Christiano Ottoni, que permitia aos professores da universidade cobrar por serviços prestados a terceiros – em geral, empresas. Foi lá que Falconi se aproximou do profissional que por mais tempo o acompanharia ao longo de sua carreira: o também professor José Martins de Godoy.

Eles haviam se conhecido em 1968, quando Godoy foi aluno de Falconi na Escola de Engenharia. Depois disso, já como professores, foram colegas no Departamento de Engenharia Metalúrgica da UFMG. Em seguida, tornaram-se parceiros na FCO, fundação que depois daria origem ao Instituto de Desenvolvimento Gerencial (INDG), sociedade em que cada um deles detinha 50% de participação. Em 2011, depois de quase quatro décadas trabalhando lado a lado, eles romperiam a sociedade e nunca mais se falariam. (Procurado, Godoy preferiu não dar entrevistas para o livro.)

Formado em Engenharia Metalúrgica, com doutorado na Norges Tekniske Høgskole, da Noruega, Godoy foi chefe do Departamento de Metalurgia da UFMG por muitos anos e depois diretor da Escola de Engenharia da universidade. Também entusiasta do modelo japonês de gestão, fez algumas viagens ao país – numa das mais importantes, ao lado de Falconi, fechou um acordo de cooperação com a Juse. Graças a essa parceria, nos 12 anos seguintes foram organizadas 33 missões técnicas ao Japão. Com o tempo, a dupla definiria o papel de cada um na FCO: Falconi comandaria a parte técnica e de relacionamento com clientes, enquanto Godoy seria o responsável pela administração.

Juntos, eles aproveitariam como ninguém o "empurrão" do governo brasileiro, que pretendia estimular a importação de conhecimento estrangeiro. No início daquela década, o então secretário de Tecnologia Industrial do Ministério da Indústria e Comércio, José Israel Vargas (que depois seria ministro da Ciência e Tecnologia nos governos Itamar Franco e Fernando Henrique Cardoso), criou um programa para capacitar três entidades no exterior. Técnicos do Instituto Brasileiro de Qualidade Nuclear (IBQN) foram à Europa. Os da Fundação Vanzolini, baseada em São Paulo, viajaram para os Estados Unidos. E a FCO teve contato com os japoneses. "Falconi, com a cabeça privilegiada que tem, conseguiu transformar aquele conhecimento num método próprio, que acabaria por ter muito mais sucesso que as outras duas organizações", conta a ex-ministra Dorothea Werneck.

Deslanchar nessa nova carreira era importante para Falconi também por uma razão, digamos, prática: ele precisava aumentar sua renda. Seu salário como professor na época equivalia a atuais 10 mil reais mensais. Não era pouco, mas, sustentando mulher e duas filhas pequenas, não sobrava muita coisa. Foi por isso que ele levou 19 anos para concluir a construção da primeira casa da família, perto do bairro da Pampulha, em Belo Horizonte (nos dois primeiros anos depois de retornarem dos Estados Unidos após o doutorado de Falconi, eles moraram com os pais de Marilda).

A residência era praticamente uma chácara que se estendia por um terreno de 6 mil metros quadrados e onde se plantava de tudo:

abóbora, beterraba, pimentão, banana e diversos tipos de verdura. Chegar até lá era uma aventura. A rua mais parecia uma trilha aberta no meio do mato (levaria anos até ser asfaltada). Não havia água encanada nem energia elétrica. "A água era de poço e quem puxou o poste de luz fui eu", lembra Falconi. Quando a família se mudou, a estrutura da casa estava pronta, mas os acabamentos eram raridade. O piso era de cimento, o banheiro não tinha boxe. Uma das irmãs de Falconi deu de presente uma pequena TV que não usava mais – ele e a família assistiam aos programas sentados no chão, porque nem sofá havia na casa. Marilda lembra que a sogra, dona Rosinha, sempre perguntava quando eles decorariam uma das paredes brancas da sala:

– Minha filha, você vai colocar um quadro ali?

– Dona Rosinha, sabe o que acontece? Seu filho fala muito na palavra "prioridade". É o que a gente mais escuta nesta casa. E ele diz que isso, agora, não é prioridade. Mas a senhora pode ter certeza: um dia eu vou colocar um quadro aí e a senhora vai gostar dele.

~

Segundo as regras da FCO, a receita obtida com consultorias deveria ser dividida entre a universidade, a Escola de Engenharia e a própria fundação. O professor envolvido com o trabalho ficava com cerca de metade do total obtido – o que representava um reforço de caixa significativo para Falconi.

Por conta da familiaridade do Professor com o setor siderúrgico, foi quase natural que os clientes surgissem, inicialmente, dessa área. O primeiro foi a Companhia Siderúrgica Paulista (Cosipa), localizada em Cubatão, no litoral de São Paulo, em 1985. O trabalho era feito em parceria com consultores japoneses, o que dava a Falconi a oportunidade de continuar aprendendo o método. Os resultados obtidos na Cosipa começaram a aparecer e em pouco tempo uma nova companhia viria a procurá-lo: a gaúcha Gerdau.

Fazia tempo que a antiga Fábrica de Pregos Ponta de Paris, comprada em 1901 pelo imigrante alemão Johannes Heinrich Kaspar Gerdau, vinha crescendo e ampliando a área de atuação. Em 1947, abriu seu capital na bolsa de valores de Porto Alegre. No ano seguinte, começou a produzir aço numa usina na capital gaúcha. Ao apostar num ritmo de expansão constante, mas cauteloso – para evitar alto nível de endividamento –, firmou-se como a maior produtora de aços longos do país.

Talvez pela influência germânica, talvez pelo tipo de atividade – possivelmente pela combinação das duas coisas –, a Gerdau sempre se preocupou com qualidade. Ainda jovem, Jorge Gerdau Johannpeter, membro da quarta geração da família, participou de viagens internacionais para fazer benchmarking em indústrias estrangeiras (durante vários anos ele foi o presidente executivo e presidente do conselho de administração e desde 2015 é presidente do conselho consultivo). Em 1967, por exemplo, quando ocupava o posto de diretor superintendente da siderúrgica, foi ao Japão acompanhando uma missão de empresários brasileiros liderada por Edmundo de Macedo Soares e Silva, então ministro da Indústria e Comércio.

Uma das empresas que o grupo conheceu foi o centenário estaleiro Ishikawajima (hoje conhecido como grupo IHI), que iniciara as atividades no Brasil havia pouco tempo. Gerdau perguntou a um funcionário do estaleiro que conhecia as operações nos dois países qual a maior diferença entre o operário japonês e o brasileiro. A resposta que ouviu ficou gravada para sempre em sua memória: "Aqui no Japão o funcionário segue as orientações dadas pelo chefe e não muda nada sem falar com ele. O brasileiro sempre tenta encontrar um jeito mais cômodo de fazer seu trabalho, sem, necessariamente, seguir a orientação que recebeu." Se o estilo brasileiro da época era baseado no "jeitinho", o modelo japonês era sua antítese.

Gerdau ficou fascinado com o que viu no Oriente. Desde que começara a trabalhar na fábrica da companhia, aos 14 anos, aprendera que, para ser bem-sucedida, a empresa deveria ter controles rígidos e processos claros na linha de produção:

Já nos anos 1960, nós fazíamos a medição de quantidade de pregos que uma máquina podia produzir e o operador da máquina ganhava pelo número de pregos que efetivamente fabricava. O mesmo acontecia no empacotamento, que era manual. O pessoal ganhava prêmio dependendo do desempenho. Já era uma medição de produtividade. Mas esse conceito de domínio de processo, para poder analisar onde se perde tempo e como melhorar, era novo para mim e foi o que mais me chamou a atenção no sistema japonês. No fundo, é uma gestão de estatística. Aí surge o Falconi, que consegue entender esse modelo e traduzir para os brasileiros.

Não que essa tradução tenha sido fácil. Para mostrar como controle e padronização eram importantes em qualquer processo, mesmo nos que pareciam mais corriqueiros, Falconi recorria a exemplos quase banais. Certa vez gravou um vídeo para ensinar como fazer café. Por quê? Para demonstrar que, se todos os passos fossem obedecidos, o café nunca sairia fraco ou forte demais. Em detalhes, mostrava como cada etapa do processo era relevante – da medição exata do pó ao tempo em que a bebida deveria ser consumida depois de pronta. "Se você acerta a quantidade de pó e o volume de café coado, todo mundo toma e não sobra nada. Se você faz isso de forma padronizada, sempre vai atingir essa economia máxima. Isso vale tanto para atividades simples, como o preparo do café, quanto para grandes linhas de produção", afirma. Falconi chegou a criar um formulário indicando como todas essas etapas deveriam ser controladas – num exemplo cristalino de que qualquer atividade, por mais básica que possa parecer à primeira vista, tem variáveis que podem e devem ser mensuradas.

RESTAURANTE PADRÃO LTDA.	PROCEDIMENTO OPERACIONAL PADRÃO	Padrão Nº: RP-C-03
		Estabelecido em: 24.03.94
NOME DA TAREFA: Preparo do café		Revisado em: 08.04.94
RESPONSÁVEL: Ajudante de cozinha		Nº da revisão: Primeira

MATERIAL NECESSÁRIO			
Chaleira	1	Porta-filtro	–
Café em pó	–	Conector	–
Medidor de café	1	Xícara padrão	–
Garrafa térmica	1	Luva térmica	–
Filtro de papel	–		

PASSOS CRÍTICOS

1. Verificar quantas pessoas tomarão o café.
2. Colocar água para ferver na chaleira (1 xícara padrão por pessoa).
3. Colocar pó de café no filtro (1 medidor de café por pessoa).
4. Lavar a garrafa térmica.
5. Assentar o filtro sobre a garrafa através do conector.
6. Quando a água começar a ferver, colocar um pouco sobre o pó de maneira a molhar todo o pó.
7. Após 30 segundos, colocar o resto da água no filtro.
8. Assim que todo o café estiver coado, retirar o filtro e fechar a garrafa térmica.

MANUSEIO DO MATERIAL

1. Após cada coação, lavar todo o material, secar e guardar.
2. O pó de café deve ser mantido sempre na lata fechada.

RESULTADOS ESPERADOS

1. Café sempre novo (no máximo até 1 hora após coado).
2. Café na medida (nem tão fraco, nem tão forte).

AÇÕES CORRETIVAS

Caso haja reclamações de que o café está fraco ou forte, verificar se foi utilizada a quantidade certa de água, a quantidade certa de pó ou se houve mudança na qualidade do pó. Em dúvida, consulte a chefia.

APROVAÇÃO

Executor	Executor	Executor	Supervisor	Chefia

Exemplo de um procedimento operacional padrão

~

Com a eleição de Fernando Collor de Mello à presidência, em 1989, e a abertura do mercado às importações, o antigo jogo a que as empresas nacionais estavam habituadas mudou de forma drástica e rápida. A concorrência revelou as ineficiências das companhias brasileiras – e elas não poderiam ser mais simplesmente empurradas para o preço final dos produtos. Tornou-se clássica a declaração de Collor à época de que os carros brasileiros, quando comparados aos estrangeiros, eram verdadeiras "carroças". Falconi recorda como esse ambiente favoreceu a expansão de seu método:

Quando Collor abriu o mercado, as empresas ficaram doidas, porque os produtos importados começaram a entrar e todas as deficiências delas ficaram expostas. Uma lição que tirei dessa época é que não há nada como ter uma economia aberta e jogar o campeonato mundial. Qualquer proteção que você der, a qualquer setor empresarial, a menos que seja por algum motivo de segurança nacional, é um crime contra a nação. Porque as pessoas se acomodam. Elas ficam achando que está tudo certo, quando na verdade o mundo está acelerando e elas, ficando para trás. Então, quando veio o Collor, ficou evidente a distância que nos separava do resto do planeta e todo mundo correu para tirar o atraso. Queriam cursos, consultorias, foi uma loucura.

A partir de então houve um amplo processo de liberalização comercial, com direito a eliminação das principais barreiras à importação e redução gradativa da proteção à indústria local. Depois de empossado, em 1990, Collor instituiu uma nova política industrial e de comércio exterior que previa a redução das tarifas de importação (a unificação de tributos incidentes sobre as compras externas havia se iniciado pouco antes, levando à diminuição das tarifas, que, na média, passaram de 51,3% em 1988 para 37,4% já em 1989).

O cronograma previa cortes gradativos até 1994, mas o governo decidiu antecipá-los para 1992. Os produtos manufaturados, em geral, ficaram com alíquota de 20%, mas aparelhos como toca-discos e videocassetes eram taxados em 30%; automóveis, em 35%; e o setor de informática, em 40%. O resultado não poderia ser outro: entre 1988 e 1997, enquanto as exportações brasileiras cresceram 57%, as importações quadruplicaram.

A abertura derrubou também o todo-poderoso Conselho Interministerial de Preços (CIP). Já não fazia sentido o governo manter uma inchada estrutura – 330 funcionários – para analisar 1.200 pedidos mensais de aumento de preços de produtos de 21 categorias. Assim, o sistema de controle de preços e abastecimento foi extinto em 1991.

Uma das primeiras companhias a buscar a ajuda de Falconi para se adequar ao novo cenário foi a varejista Lojas Americanas, também controlada pelo trio de empresários Lemann, Beto e Marcel. Fersen Lambranho, então diretor de operações da Lojas Americanas (e atual presidente do conselho da firma de *private equity* GP Investments), lembra o impacto da introdução do método de Falconi na companhia e as dificuldades do início:

O PDCA coloca um conceito que é o seguinte: você passa a coletar dados, pensar na solução de problemas de forma estruturada e permite que as pessoas que trabalham na base da organização contribuam para buscar a causa do problema.

Parece uma coisa pequena, mas é imensa, porque você permite que operário seja engenheiro. Isso é uma revolução democrática, portanto leva muito tempo para se concretizar. E nós tínhamos uma visão imediatista do negócio. Vínhamos de uma inflação altíssima. De repente, precisávamos pensar em processos que levavam 5, 10 anos para maturar.

Como sou engenheiro, foi muito fácil entender a linguagem do Falconi e perceber que se um processo, qualquer que seja, tem grande variabilidade de resultado, é porque está fora de controle. Na época nosso resultado era uma droga. A Marks & Spencer [rede varejista inglesa] obtinha 10% de margem Ebitda e a gente num ano bom dava 4%. Pô, a gente vendia pra caramba, a gente trabalhava feito uns mouros, a loja estava sempre cheia e o nosso resultado era ruim. Alguma coisa estava errada. O Falconi nos ajudou a entender como reduzir a variabilidade dos nossos processos.

Assim como a Lojas Americanas, outras empresas reconheceram que eram arcaicas, improdutivas e pouco competitivas. Para tentar recuperar o tempo perdido, buscaram diversas saídas. Foi nessa época, por exemplo, que o país viveu o boom das certificações ISO 9000, conjunto de normas técnicas sobre a gestão da qualidade nas companhias.

Formuladas pela International Organization for Standardization, sediada na Suíça, as primeiras versões da ISO 9000 surgiram em 1987. Oficialmente trazidas para cá pela Associação Brasileira de Normas Técnicas (ABNT), em 1990, as certificações passaram a ser adotadas no mundo todo. Até 1992, menos de 70 empresas tinham conseguido obter o certificado. Dali por diante, porém, o número cresceu de modo exponencial, e no ano 2000 já era superior a 6 mil.

Nessa época surgiram também iniciativas como a criação da Fundação para o Prêmio Nacional da Qualidade (FPNQ), que depois passaria a se chamar Fundação Nacional da Qualidade. Tudo para ajudar as empresas a se adaptarem à nova realidade. A ex-ministra Dorothea Werneck lembra como foi o processo:

Eu dizia aos empresários que me procuravam que eles estavam acostumados com a seguinte equação: custo + lucro = preço. Só que ela havia deixado de funcionar, porque o controle de preços não existia mais e havia a concorrência com os importados. Então o preço passou a ser ditado pelo famoso Mercado. Eles precisavam aprender a fazer outra conta: preço [dado pelo mercado] – margem de lucro que a empresa precisa obter para sobreviver = custo. Uma equação óbvia, mas com a qual ninguém estava acostumado. Foi só aí que eles começaram a entender como a gestão da qualidade era importante.

Falconi se tornou uma espécie de missionário da qualidade no país – e seu melhor garoto-propaganda era Jorge Gerdau, que incansavelmente alardeava entre os empresários a necessidade de melhorar a gestão das companhias nacionais. A antiga rotina pacata do professor da universidade mineira ficava cada vez mais distante. Em geral, Falconi passava a semana viajando – visitando clientes, dando cursos e palestras (no total, deu até hoje mais de 500 palestras). Chegava em casa sábado, via a família e domingo já colocava o pé na estrada outra vez. Aonde quer que fosse carregava uma maleta quadrada em que guardava todas as transparências que projetava para explicar seu método. Aproveitava os poucos momentos de folga ou as horas de voo para escrever livros sobre seu sistema – tudo à mão, pois ainda não havia computadores pessoais e ele não era muito afeito a máquinas de escrever.

O primeiro foi *Gerência da qualidade total*, lançado em 1989 (relançado em 1992 com o título *TQC: Controle da qualidade total no estilo japonês*). Entre o Natal e o réveillon de 1990 escreveu *Qualidade total: padronização de empresas*, publicado no ano seguinte (Marilda ficou tão furiosa com a dedicação do marido à atividade na época de festas que decidiu comemorar a virada do ano com os vizinhos em vez de fazer um jantar em casa). Nos anos seguintes, escreveria *Gerenciamento da rotina do trabalho do dia a dia* (1994), *O valor dos recursos humanos na era do conhecimento* (1995), *Gerenciamento pelas diretrizes* (1996) e *O verdadeiro poder* (2009). Juntos, seus livros já venderam mais de 1 milhão de exemplares.

Vicente Falconi trabalhava sem parar, mas finalmente começava a ganhar dinheiro – e conseguiria finalizar a longa construção da casa onde morava.

Em maio de 1992, a FCO organizou uma missão de executivos brasileiros ao Japão. Eram cerca de 40 pessoas, entre representantes de companhias como Vale do Rio Doce (atual Vale), Brahma, Gerdau e Belgo Mineira. No grupo estava Welerson Cavalieri, à época gerente de recursos humanos da mineradora MBR.

Nascido em Belo Horizonte e formado em Administração, Cavalieri estava habituado a receber na empresa comitivas de clientes estrangeiros que queriam ver de perto a operação. Em certa ocasião, um deles comentou que seria ótimo se a companhia investisse em qualidade. Um dos diretores da mineradora respondeu que a MBR tinha laboratórios fantásticos. Então o cliente retrucou: "Não estou falando disso, mas do sistema americano de gestão da qualidade." Os brasileiros se entreolharam sem saber o que responder. Não tinham a menor ideia do que o gringo acabara de dizer.

Dias depois, por indicação de um conhecido na UFMG, os executivos convidaram Falconi para ir à empresa esclarecer que raios era aquilo. Com suas transparências embaixo do braço, lá foi o Professor explicar o sistema. Falconi chegou à MBR como palestrante, mas logo começou a dar consultoria. Como muito do que pregava impactava diretamente o dia a dia dos operários, a empresa determinou que o trabalho seria acompanhado de perto pela área de RH. Cavalieri decidiu, então, fazer cursos para entender a fundo o sistema. O ponto alto de sua imersão foi a participação na viagem organizada pela FCO. Além de assistir a aulas teóricas, ele visitou empresas como a cervejaria Kirin, a montadora Nissan e uma siderúrgica do grupo Mitsui.

Fiquei fascinado ao ver como aquilo era simples e dava resultado... Mas, para funcionar, exigia uma disciplina absurda, o que contrastava com o que estávamos acostumados a ver no Brasil. Eu me lembro do dia em que atrasamos uns 10 minutos para voltar do almoço para o treinamento. Quando a gente entrou na sala, o professor estava com as mãos para trás, andando de um lado para outro, muito contrariado. Esperou todo mundo chegar e, quando entrou o último, falou: "Deve ser por isso que o país de vocês tem a dívida externa que tem." Todos ficaram constrangidos.

Ao retornar da viagem, Cavalieri tratou de disseminar o método pela MBR. O ponto de partida era sempre o PDCA, utilizado para identificar e corrigir problemas em toda a empresa. Cada gerente recebeu uma meta, acompanhada de perto pelo executivo. Em pouco tempo começaram a surgir resultados indicando aumento de produtividade, melhoria dos prazos e redução de estoques. "Na época, a gente não tinha, como tem hoje, um cálculo do que aquilo iria gerar na última linha do balanço", diz. Cavalieri tornou-se um defensor tão ferrenho dos preceitos que começou a adotar o 5S até em casa ("Sujou, limpa", "Abriu, fecha" tornaram-se alguns dos novos mandamentos seguidos pela família). Dois anos depois da visita ao Japão, o executivo deixaria a MBR para se tornar consultor da FCO.

Quando Cavalieri chegou, em 1994, a FCO somava 36 pessoas – cerca de um terço eram professores da universidade e uma parcela expressiva dos demais era formada por ex-executivos de empresas para as quais a consultoria havia prestado serviço. Treinamento para novatos como ele era algo que não existia. "Brincávamos que nosso treinamento era na linha 'filhote de passarinho': pega o filhote, joga pela janela e ele que se vire para voar", diz. De uma hora para outra, ele passou a dar consultoria e treinamentos. Recém-chegado ao novo emprego, foi avisado de que ministraria um seminário no dia seguinte, na SulAmérica Seguros. Quando chegou ao hotel do evento, havia uma encomenda em seu nome: um pacote com 11 transparências para usar como apoio na apresentação. Era o único material formal com que ele contava para segurar um seminário de seis horas de duração.

Nesse estilo "Velho Oeste", em que os poucos profissionais da FCO precisavam desbravar um novo mercado, o jargão criado internamente para definir seu modo de atuação foi "consultoria caubói". "Cada um fazia seu trabalho sozinho, e ainda não havia o conceito de projeto", explica Marcio Roldão, que entrou na FCO em agosto de 1997 e permaneceu na consultoria por mais de uma década. "A gente vendia dias de trabalho. Portanto, nossa grande meta, ao dar consultoria a um cliente, era garantir uma nova visita."

Como a maioria dos consultores da época, Roldão também é mineiro, formado em Engenharia (Mecânica) e professor (da Universidade Federal de Itajubá). Havia tido os primeiros contatos com a FCO no fim dos anos 1980 e desde então participara de 13 treinamentos. "Na época ainda não se falava em meta nem em meritocracia. A gente ia às empresas ensinar padronização, indicadores, itens de controle, 5S. Nosso foco era operacional e ainda desvinculado de resultados financeiros", diz.

O foco financeiro a que Roldão se refere seria aprendido por Falconi sobretudo junto aos sócios da Brahma. Na primeira vez em que participou de uma reunião do conselho de administração da cervejaria, em 1997, Falconi ficou perdido.

Durante a conversa, o Marcel comenta com o Jorge Paulo sobre ROL. E eu pensando: "Gente, o único rol que eu conheço é rol de roupa!" Porque, nos meus anos de colégio interno, quando a gente mandava as peças sujas para a lavanderia, tinha antes que fazer a relação das roupas... Aí eu perguntei pro Marcel o que era aquilo. Os três sócios pararam e me encararam como se eu fosse um ET. O Marcel respondeu: "Receita Operacional Líquida, Professor." Eu agradeci. O Jorge Paulo olhou para o Marcel como quem diz: "O que esse cara está fazendo aqui?" Concluí que era melhor aprender aquilo rápido, ou eles iriam correr comigo daquele lugar.

CAPÍTULO 4

O decálogo de Falconi

Catarinense da cidade de Concórdia, o engenheiro e administrador de empresas Luiz Fernando Furlan desde jovem participou ativamente do cenário empresarial brasileiro. Seu avô foi Attilio Fontana, gaúcho nascido numa família humilde, na colônia Arroio Grande (hoje município de Santa Maria), que viria a fundar a Sadia em 1944, em Santa Catarina. Furlan começou a trabalhar na companhia da família em 1976 e chegou a presidente do conselho de administração em 1993. Afastou-se da empresa entre 2003 e 2007, enquanto ocupou o posto de ministro do Desenvolvimento, Indústria e Comércio Exterior durante o governo de Luiz Inácio Lula da Silva, e retornou ao cargo de presidente do conselho em 2008, quando a Sadia foi vitimada por uma crise que culminou com sua venda para a concorrente Perdigão, originando a BRF. Além disso, integrou os conselhos de administração de grandes companhias como Telefônica, Amil, Kroton e Redecard. Depois de quatro décadas vendo de perto como as empresas funcionam, ele recorre a uma analogia para explicar a mentalidade de algumas delas:

Quando eu prestei serviço militar fui alojado num quartel em Lins, no interior de São Paulo. Havia uma praça em frente ao quartel e sempre tinha um soldado montando guarda ali, ao lado de um banco. Eu perguntava por que o soldado ficava na praça, mas ninguém sabia explicar. Até que um sargento antigo me contou. Segundo ele, anos antes o comandante do batalhão, que gostava de se sentar no banco ao final do dia, mandou pintá-lo e determinou que um soldado permanecesse ao lado enquanto a tinta estivesse fresca. Só que o soldado foi ficando e aquilo virou regra. Nas empresas é igual. Muita coisa é feita porque "sempre foi assim", mas ninguém sabe o porquê.

Na década de 1990, a Sadia vivia uma situação semelhante à do soldado que vigiava o banco. Havia hábitos e tradições tão arraigados que era difícil promover melhorias. A Sadia era líder de mercado, tinha uma marca reconhecida e avançava nas exportações. Maior produtora de frangos do país, somava 15% de participação no setor. No exterior, as vendas de carne e derivados de aves, suínos e bovinos quintuplicaram entre 1980 e meados dos anos 1990. Será que nesse time aparentemente vencedor era possível – e necessário – fazer mudanças? E como seriam essas transformações?

Nessa época, Falconi foi convidado a fazer uma apresentação para o conselho de administração da empresa – formado basicamente por membros da família – e seus principais executivos sobre o movimento da qualidade total. Ao final, o Professor vaticinou que, caso a Sadia seguisse aquele método, poderia aumentar sua eficiência em até 30%. Os presentes se entreolharam e nada disseram.

Quando Falconi deixou a sala, porém, os comentários foram ácidos. Para alguns dos conselheiros, só uma pessoa sem o menor conhecimento da empresa poderia sugerir que havia tantas possibilidades de ganhos de produtividade inexplorados. Se tinha tanto sucesso em seu mercado, como a Sadia poderia ser ineficiente? O Professor devia estar delirando.

Apesar da resistência inicial – quase natural nesses casos –, a Sadia decidiu adotar os princípios da qualidade total. Uma das medidas foi despachar para o Japão um grupo de executivos da companhia. O próprio Furlan integraria uma dessas missões, em 1993, ano em que assumiu a presidência do conselho de administração – atividade a que se dedicou em tempo integral, dando expediente diário na companhia. Pouco tempo depois, Walter Fontana Filho, seu primo, se tornaria CEO da empresa e também participaria de outra missão ao Japão. A chegada de novos membros da família a posições de comando criava a chance de espanar um pouco da poeira que se acumulara na empresa. E, ainda que Fontana Filho e Furlan não tivessem uma relação propriamente amistosa, em um ponto os primos concordavam: era preciso incorporar novas práticas à companhia se quisessem garantir seu crescimento no futuro. Falconi foi contratado.

Para que todos de fato estudassem os novos conceitos que seriam implementados, o consultor sugeriu o chamado "método da cumbuca", até hoje utilizado pela consultoria, que consiste em formar grupos de quatro a seis pessoas que devem se reunir toda semana no mesmo horário para discutir um dos capítulos dos livros de Falconi. Os nomes dos participantes são colocados em uma cumbuca e um deles é sorteado para fazer uma apresentação sobre o que foi lido. Se o sorteado não tiver se preparado, a reunião deve ser cancelada. O próprio Fontana Filho chegou a participar dos encontros. Para convencer o pessoal a modernizar a empresa e adotar novos conceitos, ele precisava dar o exemplo.

Apesar dos esforços, o começo não foi muito auspicioso. "Malhamos em ferro frio durante quase dois anos e os resultados não vinham", afirma Furlan. "A administração entendeu o que precisava ser feito, mas quando chegou no chão de fábrica os funcionários tiveram dificuldade. O diagnóstico do Falconi foi que faltava educação básica." Só havia uma maneira de resolver o problema: mandando o pessoal de volta para os bancos escolares. Por meio de parcerias com o Serviço Social da Indústria (Sesi) e redes estaduais e municipais de ensino, cerca de 8.500 empregados da Sadia voltaram a estudar.

Uma vez capacitados, eles puderam começar a seguir o método de Falconi. Reuniam-se nos chamados círculos de qualidade para discutir os problemas e buscar soluções. Em vez de tentar varrer os problemas operacionais para debaixo do tapete, como em geral acontece, os funcionários entenderam que problema não é algo negativo, mas uma oportunidade de melhoria. Ou, como Falconi costuma repetir exaustivamente, que gerenciar é resolver problemas e atingir metas. Pouco a pouco, expressões como "espinha de Ishikawa" e "5S" passaram a ser ouvidas com frequência pelas fábricas. "No nosso caso, o 'S' também era de Sadia, então as pessoas absorveram logo", brinca Furlan. Até hoje ele diz seguir os princípios de limpeza e organização. "Ao fim desta entrevista, antes de sair da sala, eu vou arrumar as cadeiras, os copos, deixar tudo em ordem. Em casa, ensinei isso aos meus filhos e netos."

Furlan recorda um dos primeiros resultados desse esforço por melhoria. Todos os dias a empresa lavava e esterilizava dezenas de milhares de uniformes dos funcionários. Eram quase 60 mil kits, compostos por cinco peças de roupa cada um – de meias a jaquetas. O volume de água empregado no processo, que exigia cinco ciclos de lavagem, era monumental. Foi então que funcionários de um dos círculos de qualidade tiveram a ideia de reutilizar a água do quarto e do quinto ciclos, que saía praticamente limpa, no primeiro e segundo ciclos de um novo lote de roupas. "A economia foi gigantesca", diz Furlan.

Graças a mudanças como essa, a Sadia conseguiu, ao longo dos anos, estabelecer novos padrões e criar um sistema de gerenciamento da rotina que a tornaria muito mais produtiva. A busca pela qualidade tomou uma proporção tão grande que a companhia passou a estimular uma competição entre as soluções propostas pelos funcionários. A disputa contava com várias etapas – locais, regionais e nacional – e as melhores ideias eram apresentadas à alta administração. O prêmio dos vencedores era o reconhecimento público – não havia recompensa em dinheiro. Sob a orientação de Falconi, a companhia iniciou um processo de desdobramento de metas para todos os níveis hierárquicos que começaria a funcionar a pleno vapor a partir da década seguinte.

O trabalho conduzido pelo Professor não foi o único em curso na Sadia naquela época. A partir de 1994 a empresa promoveu uma grande reestruturação interna. Com Fontana Filho como CEO, a companhia saiu do negócio de soja e vendeu todos os abatedouros de bois, disposta a se concentrar na avicultura. "Quando assumi, a empresa tinha 36 mil funcionários. Dois anos depois o número caiu para 24 mil", lembra Fontana Filho. Outra medida emblemática foi desativar um escritório em Alphaville, bairro de Barueri, na Grande São Paulo. Projetado pelo consagrado arquiteto Júlio Neves, o prédio tinha espaços generosos, decorados com obras de arte. Tudo muito bonito e luxuoso, mas dissonante da realidade. Fontana Filho vendeu o edifício e os funcionários foram transferidos para a sede da empresa, bem mais modesta, localizada no bairro da Lapa, na capital paulista.

Falconi estava tão envolvido com a Sadia que, em 2002, foi convidado a integrar seu conselho de administração. Como consultor e agora conselheiro, sua influência aumentava cada vez mais. Foi ele quem começou a bater na tecla de que a empresa precisava investir em gente se quisesse crescer e se internacionalizar – assim como a Ambev vinha fazendo. "Na época, eu ficava desesperado, porque não havia reservas gerenciais. Era sempre desvestir um santo para vestir outro", afirma Fontana Filho. A Sadia começou, então, a investir pesado em programas de trainee, antes esporádicos, e em treinamentos para os funcionários.

Em dezembro de 2002, durante uma reunião do conselho de administração, Falconi causou um rebuliço. Um dos pontos mais importantes do encontro seria a discussão do orçamento para o ano seguinte, proposto por Fontana Filho. O problema foi que o Professor não gostou nem um pouco dos números sugeridos:

Eu estava acostumado com a Ambev, que tem orçamentos desafiadores. E o que estava sendo proposto ali era um orçamento que destruía o valor da empresa. Quando calculávamos o EVA [Economic Value Added, conceito criado pela consultoria americana Stern Stewart & Co. que leva em conta o custo do capital para medir a performance financeira de uma empresa] em cima dos números propostos pelo orçamento, o resultado era uma perda de 48 milhões de reais. Esses números mostravam que, se o patrimônio líquido da empresa fosse investido no setor financeiro, o lucro seria maior que o obtido no orçamento proposto. Por isso, antes da reunião eu procurei o Walter e falei que não concordava. Ele disse que poderíamos discutir o assunto na reunião.

Como eu era o mais novo no conselho, fui o último a votar. Os 10 outros membros tinham aprovado o orçamento. Falei para o Furlan, que era o presidente do conselho, que então o resultado seria 10 a 1, já que para mim aquele orçamento era inaceitável. Eu nunca tinha visto uma diretoria executiva propor aos sócios destruir 48 milhões de reais de ativos. Pedi que a gente melhorasse o resultado proposto em 100 milhões.

Aí foi aquela "voação" de pena, né? Teve conselheiro que começou a mudar voto. No final, resolveu-se que o aumento seria de 60 milhões de reais, o que já daria um pequeno EVA positivo. Então fiz uma segunda preposição: o que passasse de 100 milhões a gente pagaria em bônus para os empregados. Era um jeito de esticar a meta de 60 para 100 milhões. Foi pena voando para todo lado de novo, mas aprovaram.

Depois da reunião conversei com os executivos e disse que todo mundo precisava saber direitinho como se forma o EVA. Quanto menos ativos parados a empresa tiver, melhor. Quanto menos dinheiro na praça a empresa tiver, melhor. Precisávamos receber contas rápido e pagar com bastante atraso. Enfim, gerenciar o capital empregado e reduzir o custo. Bom, o resultado da empresa deu um salto e a meta, que parecia impossível, foi batida. O valor das ações da Sadia saiu de R$ 1,10 ou R$ 1,20 no início de 2003 para quase R$ 4 ao final do ano.

Não demorou para que até Fontana Filho, autor do orçamento gongado por Falconi, percebesse o impacto positivo da interferência do Professor. "Todo mundo começou a entender que o acionista não quer só o lucro: ele precisa da remuneração do capital investido, e isso foi muito disruptivo na companhia." O aprendizado rendeu o pagamento de uma remuneração variável milionária. "Foi o maior bônus que eu ganhei na minha vida, equivalente a 36 salários", diz o ex-CEO.

Aos olhos de Falconi, a Sadia parecia estar passando pelo "ponto da virada" e tinha à sua frente uma perspectiva de crescimento similar à que a Ambev vivera anos antes. O potencial de expansão parecia tão grande que ele tomou uma decisão radical: vendeu todas as ações da cervejaria, que havia acumulado ao longo dos anos, e usou os recursos para comprar papéis da Sadia (anos depois, recompraria as ações da Ambev). Tornou-se, assim, acionista, conselheiro e, por meio de sua consultoria, prestador de serviços – um acúmulo de funções visto com reservas por alguns especialistas em governança corporativa.

O Código de Melhores Práticas do Instituto Brasileiro de Governança Corporativa (IBGC), por exemplo, enfatiza que conselheiros não devem atuar como consultores remunerados pela organização. "O conselheiro que presta consultoria perde a capacidade de avaliar os gestores, pois passa a ser corresponsável pelo sucesso ou fracasso do modelo de gestão escolhido", avalia Renato Chaves, especialista no assunto e professor convidado de instituições como a Fundação Dom Cabral, a PUC-Rio e a Fundação Getulio Vargas (empresas de consultoria como a McKinsey proíbem que seus profissionais atuem em conselhos de empresas com fins lucrativos por acreditar que dessa prática podem emergir eventuais conflitos de interesses).

Dentro da Sadia, porém, o que chamava a atenção dos outros investidores não era o eventual conflito de interesses, mas o alcance da participação de Falconi na empresa. "Como a família é grande e tem vários acionistas, ele se tornou o maior acionista individual preferencialista da Sadia, com quase 2% de participação", explica Fontana Filho.

Anos depois, Vicente Falconi se arrependeria amargamente dessa decisão.

~

À medida que a influência de Vicente Falconi aumentava no cenário empresarial brasileiro, sua consultoria também se modificava. Ele não se colocava exatamente como um empreendedor. Era mais um professor, um missionário da gestão – e sua firma era o principal veículo para a disseminação desse conhecimento. Talvez por isso, ele nunca tenha se atido ao dia a dia da própria empresa. Não seria exagero dizer que pensava mais no futuro de companhias como Ambev e Sadia, com as quais desenvolvera relações que iam além da mera prestação de serviços, do que no próprio negócio.

Em 1994, a consultoria abrira um braço em São Paulo, comandado por Mário Lucio de Oliveira, engenheiro que cursara pós-graduação e mestrado no Japão e, na volta, fora contratado pela Fundação Christiano Ottoni. Lá, Mário Lucio criaria uma relação de amizade e confiança com José Godoy, que viria a ser seu padrinho de casamento tempos depois. Em paralelo, a FCO havia se estabelecido também na Bahia e no Rio Grande do Sul. Para uma organização que operava dentro de uma universidade, a fundação estava ficando grande demais. Com quase 150 consultores (cerca de 80% deles de fora da UFMG) e um caixa de 7 milhões de dólares (um dinheirão para os padrões de uma instituição de ensino), o grupo liderado por Falconi e Godoy começava a gerar certo ciúme na universidade. "Outros professores passaram a fazer uma pressão dramática para tomar conta do nosso movimento", lembra Falconi. "Deu uma briga danada e decidimos sair. Deixamos o dinheiro do caixa lá e começamos tudo outra vez, fora da universidade."

Em 1998 nascia a Fundação de Desenvolvimento Gerencial (FDG). À frente da nova instituição, além de Falconi e Godoy, estavam outros cinco veteranos da FCO: Benjamim Rodrigues de Menezes, Carlos Alberto Bottrel, Luis Antônio Borges, Orlando Euler Castro e Mário Lucio de Oliveira. Na retaguarda, um grupo de quase 10 empresas ajudou a bancar o investimento inicial, entre elas algumas antigas clientes da FCO, como Brasmotor, Acesita, Gerdau e Sadia.

Para atrair clientes, além do know-how da metodologia japonesa, a nova consultoria se valeu de dois trunfos. Um deles foi oferecer novos treinamentos, como na metodologia Six Sigma. Criado pela Motorola nos anos 1980 e adotado com fervor pela GE de Jack Welch na década seguinte, o modelo Six Sigma inclui uma série de ferramentas para melhorar a qualidade dos processos e reduzir perdas a praticamente zero. As categorias mais conhecidas de certificação nessa metodologia são Black Belts (profissionais que se tornam líderes de projeto, com grande enfoque em análise estatística) e Green Belts (com um treinamento mais superficial que os primeiros). A primeira cliente da FDG nesse campo foi a Brasmotor, que treinou quase 200 engenheiros – logo de largada eles identificaram 20 milhões de reais de custos que poderiam ser eliminados. O outro chamariz da FDG era o preço – muito mais baixo que o das consultorias estrangeiras. No caso do treinamento da Brasmotor, uma firma americana cobraria cerca de 7 milhões de dólares pelo trabalho, enquanto o serviço da FDG custou 10% desse valor.

Cinco anos depois, a consultoria passaria por uma nova mudança, dessa vez mais profunda. O novo Código Civil, aprovado em 2002, determinou que fundações só poderiam ser constituídas para fins religiosos, morais, culturais ou de assistência – categorias em que a FDG não se encaixava de forma alguma. Por isso, no ano seguinte surgiria o Instituto de Desenvolvimento Gerencial (INDG), com 450 consultores e algumas características bastante distintas da firma que lhe deu origem. Uma delas é que ficavam oficialmente para trás os tempos de trabalho "sem fins lucrativos". A outra é que a nova empresa seria controlada por Vicente Falconi e José Godoy, cada um com 50% das ações. Os outros cinco instituidores da FDG ficaram fora no quadro acionário da nova consultoria. (A FDG é uma organização ativa até hoje e se dedica a projetos *pro bono* na área de educação. Dos instituidores originais, os únicos remanescentes são Godoy, Bottrel e Euler Castro. Falconi se desligou por completo da fundação em 2009.)

A formação do INDG implicou ainda uma mudança na relação de trabalho com os consultores. A maioria dos profissionais que trabalhavam para a FDG não era contratada – cada um tinha sua empresa e era remunerado não com um salário, mas por dias trabalhados. A partir do nascimento do INDG, todos os novatos que entrassem na empresa seriam contratados seguindo as regras da Consolidação das Leis do Trabalho (CLT). A consultoria fez a proposta de regularização da situação trabalhista também aos profissionais antigos, mas centenas deles não toparam; preferiam continuar trabalhando no modelo anterior (que, em geral, lhes rendia uma remuneração mais alta, ainda que não lhes garantisse benefícios como férias e décimo terceiro salário).

A saída encontrada para conciliar os interesses foi criar outra empresa, a União Consultoria, que acomodaria todos os profissionais não contratados e teria um acordo operacional com o INDG. Caberia à União Consultoria receber do INDG pelos serviços prestados pelos profissionais e fazer a distribuição de dividendos entre eles. A esperança era que, com o tempo, a nova empresa encolhesse – muitos dos antigos a deixariam por motivos diversos (de troca de emprego a aposentadoria) e novos entrantes não seriam permitidos.

A estrutura da consultoria se sofisticava e o mesmo acontecia com seu leque de serviços. Depois de pregar o gerenciamento da rotina como forma de aumentar a eficiência, agora o INDG focava também no chamado gerenciamento pelas diretrizes – uma espécie de evolução do gerenciamento da rotina que estabelecia metas de melhoria, acompanhadas de planos para atingi-las. Na definição de Falconi, trata-se de um "mecanismo que concentra toda a força intelectual de todos os funcionários, focalizando-os nas metas de sobrevivência da organização". As metas anuais são o ponto de partida desse sistema de gestão, que deve ser liderado pelo principal executivo da organização.

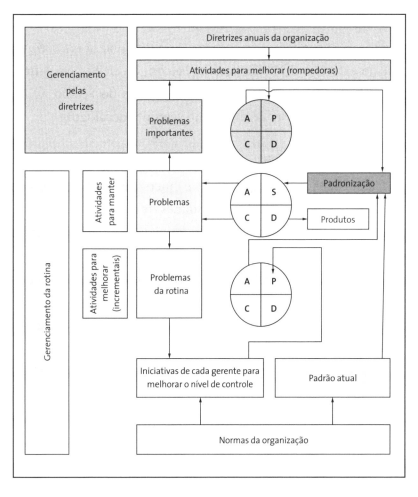

Relacionamento entre o gerenciamento pelas diretrizes
e o gerenciamento da rotina do trabalho do dia a dia

No gerenciamento pelas diretrizes também não há espaço para achismos. Novamente, eram a análise e a estatística que serviam de sustentação para o modelo. E, mais uma vez, Falconi e sua consultoria reforçavam a ideia de que eram o "antijeitinho". O INDG tornava-se sinônimo de uma consultoria "mão na massa", que resolvia problemas operacionais e ensinava as empresas a definir suas metas e desdobrá-las para todos os níveis hierárquicos. E atrelava tudo isso a resultados concretos, mensuráveis e financeiros. Seu trabalho já era reconhecido até no exterior: em 2000, Vicente Falconi foi eleito pela American Society for Quality Control uma das 21 Vozes do Século XXI. Seu pensamento poderia ser resumido no seguinte decálogo:

1. Sem medição não há gestão.
2. Cada chefia deve ter entre três e cinco metas prioritárias, nunca mais do que isso. As prioridades devem ser sempre estabelecidas dentro de cada nível gerencial, de preferência por um critério financeiro.
3. As métricas financeiras são as principais não só para empresas, mas também para governos e até para igrejas. Nada existe sem recursos financeiros.
4. Problema é a diferença entre a situação atual e a meta.
5. Alta rotatividade de funcionários é inaceitável numa empresa. Indica a insatisfação das pessoas com as condições de trabalho e equivale a um vazamento de informações da empresa.
6. Liderar é bater metas consistentemente, com o time fazendo o certo.
7. Demitir quando necessário. Afastar de 5% a 10% por ano daqueles mais mal avaliados do time, abrindo espaço para novos valores e dando oportunidade para que os demitidos encontrem tarefas em que sejam mais felizes e valorizados.
8. Desculpas não constroem uma organização e são patéticas.

9. Dentro de uma organização, uma pessoa deve ser constantemente desafiada a buscar conhecimentos novos, e isso é feito por meio de metas ou de mudança de cargo, de forma a criar desconforto.

10. Os resultados do passado não servem para o futuro.

Essas regras, tão profundas quanto simples, se tornariam cartilha obrigatória para um sem-número de empresas que incorporaram o método criado pelo Professor.

CAPÍTULO 5

A cura da população "doente"

Pelas máximas de Falconi, fica claro que uma organização só pode prosperar com gente motivada, que está disposta a resolver problemas e não é acomodada. Mas como motivar o ser humano? Em 1954, o psicólogo americano Abraham Maslow publicou o livro *Motivation and Personality* (Motivação e personalidade) para tentar responder a essa pergunta. Na obra, ele descreve a hierarquia das necessidades do homem e as divide em cinco níveis: fisiológicas (comida, água, sono, etc.), segurança (estabilidade, proteção, ausência de medo, etc.), sociais e de afeto (amigos, relacionamentos amorosos, colegas de trabalho, etc.), autoestima (confiança, respeito de outras pessoas, etc.) e autorrealização (desenvolvimento de seu potencial pleno, crescimento, etc.). Segundo o autor, as necessidades mais básicas vêm em primeiro lugar: "Uma pessoa privada de comida, segurança, amor e autoestima provavelmente sentirá mais falta de comida que de qualquer outra coisa." Essa hierarquia influenciaria pensadores de todo o mundo nas décadas seguintes (muitas vezes seria representada na forma de pirâmide, ainda que Maslow jamais tenha feito esse desenho). No Brasil, um dos maiores entusiastas da teoria do psicólogo seria Vicente Falconi.

O carioca Carlos Brito nunca ouvira falar de Maslow até 2001. Havia menos de dois anos que ele se tornara o diretor de operações da Ambev. Naquele momento, nada lhe tirava tanto o sono quanto o alto turnover apresentado em algumas fábricas da companhia. Brito já era um veterano na empresa – desembarcara ali em 1989, vindo do Garantia, quando o banco comprou a Brahma. Mesmo conhecendo a companhia havia tanto tempo, ele não conseguia entender a razão de tanta rotatividade. Foi pedir ajuda a Vicente Falconi, a quem costuma chamar de "Mestre":

– Mestre, o que eu faço?

– Brito, se você diz que gente é a coisa mais importante na companhia, esse turnover de 30%, 40% por ano denota população doente. E população doente não se motiva, não aprende, não produz, não evolui. Primeiro, a gente tem que cuidar da doença deles.

A dupla decidiu viajar para ver de perto os locais que apresentavam o problema e compará-los com aqueles onde a rotatividade estava sob controle. Montaram uma equipe só para entrevistar funcionários das operações "doentes" – e muitas vezes eles mesmos conduziram as conversas. Por que a turma estava desanimada? Por que os funcionários estavam saindo? Descobrir essas respostas não era um desafio só para a área de gente, mas para toda a empresa.

Aos poucos, a verdadeira razão para a debandada começou a surgir: faltava liderança. Brito lembra o impacto dessa descoberta:

A gente nunca tinha dado bola para isso, sempre achou que liderança fosse uma coisa normal, que o cara fosse aprendendo naturalmente... Aí percebemos que tínhamos dado uma esticada, crescido muito, e estava faltando liderança. Os caras não sabiam fazer coisas básicas, como uma boa avaliação de desempenho. Então resolvemos fazer treinamentos bem simples, pé no chão, para formar os líderes.

Foi aí que o Professor me apresentou esse negócio do Maslow. As nossas pesquisas também mostravam que as pessoas estavam saindo de al-

guns lugares da empresa porque não tinham nem as necessidades mais básicas atendidas. A comida era ruim, o transporte era ruim. Sempre que há alta rotatividade a primeira explicação é que o salário poderia ser melhor. Mas não era isso que ocorria. As pessoas estavam sentindo que os líderes não entendiam o que era importante para o time. Em alguns casos isso significa simplesmente oferecer um banheiro decente. O Falconi foi fundamental nesse processo porque explicou que, para ficar na empresa e estar motivada, a pessoa precisa de mais do que salário: precisa ser reconhecida, respeitada, ter suas necessidades atendidas, como dizia Maslow.

Tiramos várias fotos de instalações das fábricas e, durante uma convenção da companhia, para um grupo de umas mil pessoas, apresentei as fotos e perguntei ao público se eles conheciam aquela empresa. Quando disse que não era uma empresa de fundo de quintal, mas a nossa, todo mundo ficou horrorizado. Falei que, se o cara é funcionário, ele tem direito a banheiro decente, armário para guardar roupa, transporte decente, comida boa. E que, embora todo mundo tivesse que economizar despesas para atingir a meta, nesses direitos ninguém deveria tocar. Fizemos as mudanças e a rotatividade caiu pra burro.

O Mestre ensinou que 70% do resultado é liderança. Porque, para as outras coisas – conhecimento, método –, você pode ter, no seu time, gente que preencha a lacuna, mas, se não tem liderança, não dá. O líder é aquele que faz o time confiar na própria capacidade, aquele que inspira as pessoas, dá feedback quando precisa, é duro, mas justo. Ele desenvolve as pessoas e faz elas acreditarem que podem muito mais do que podem.

Brito, que desde 2008 ocupa o posto de CEO da AB InBev, a maior cervejaria do mundo, nunca chegou a ler o livro do psicólogo americano. "Tentei e não entendi nada. Muito difícil. Prefiro o Maslow contado pelo Falconi", diz, em tom de brincadeira.

~

Assim como Carlos Brito, vários outros executivos da cervejaria foram apresentados a Maslow por Vicente Falconi. Um deles foi o paulista Mauricio Luchetti, que fora contratado como trainee pela Brahma em 1985. Seis anos depois, ele assumiu a gerência geral da fábrica de Brasília, que atravessava uma fase turbulenta – ou, para usar sua expressão, era uma "zona total". O convite foi feito por Marcel Telles:

– Olha, Mauricio, eu já fechei cinco fábricas. A sexta vai ser Brasília. O custo de produção é altíssimo, o cervejeiro só dá problema, a gente acha que tem roubo e a Skol não vende nada. Se você quiser ir lá tentar consertar...

– Eu quero.

Luchetti achava que aquela seria uma oportunidade de ascender na companhia. E, embora a missão parecesse desanimadora, para dizer o mínimo, ele já havia topado outros desafios desde o desembarque dos banqueiros na cervejaria. Um deles, também sugerido por Marcel, foi montar um plano capaz de reduzir os 14 níveis hierárquicos da empresa para apenas quatro. Foi nessa época que ele teve o primeiro contato com Vicente Falconi. Luchetti integrou uma das primeiras turmas de executivos da Brahma a viajar para o Japão nas missões organizadas pelo Professor. Durante duas semanas pôde ver in loco, em gigantes como a Toyota, como funcionava o método japonês da qualidade total, e ficou fascinado com o que aprendeu.

Cinco anos depois, sua relação com Falconi se estreitaria ainda mais. Luchetti assumiu a diretoria de gente, que passaria a incluir também a área de qualidade total. Como é de praxe na cultura da empresa, ele foi promovido sem ter muita experiência no assunto. Foi então que recorreu à ajuda do Professor.

Nos reunimos numa sala da administração central e tive uma aula magna inesquecível com o professor Falconi, que me marcou para o resto da vida pessoal e profissional. Eu queria entender como a área de gente "conversa" com a de qualidade total. Ele pegou uma folha do tamanho da mesa e começou a escrever e desenhar, do lado direito para o esquerdo, como um japonês – pelo menos foi isso que eu presumi. De uma forma incrivelmente simples, ele conseguiu interligar os grandes pilares de RH: recrutamento e seleção, salário e benefícios, e treinamento com a demanda por metas, que era a base do sistema de gestão.

Nos seis anos em que fui diretor de gente e gestão, fiz centenas de apresentações sobre o que ele me ensinou. Aquilo foi uma transformação não só para a Ambev na época, mas também um exemplo a ser seguido por várias outras empresas brasileiras. É muito comum, hoje, você encontrar companhias em que o RH também é responsável pelo sistema de gestão [desdobramento de metas, indicadores de desempenho, projetos de melhoria e de ruptura e acompanhamento dos planos de ação]. Para mim, esse foi um legado incomparável que o Professor desenvolveu e conseguiu implantar.

Ao mostrar como conhecimento e metas caminhavam juntos, Falconi ajudou a estruturar um sistema de gestão que se mostraria vencedor e depois ganharia o mundo. Para o Professor, dentro de uma empresa todos os funcionários devem ser estimulados a buscar conhecimento novo continuamente – e a melhor maneira de fazer isso é criando desconforto. Vale mudar a pessoa de cargo, vale estabelecer metas difíceis (mas possíveis). Na zona de conforto, porém, ninguém aprende nada. "O ser humano tem a capacidade de aprender um determinado número de coisas por dia, e não mais que essa quantidade", diz Falconi. "Portanto, um dia de aprendizado desperdiçado é irrecuperável, pois ninguém consegue 'compensar' o dia perdido."

Poucos executivos acompanharam tão de perto o impacto dessa lição de Falconi quanto Claudio Braz Ferro, que desde 2016 é vice-presidente global de operações da AB InBev. Sob sua responsabilidade estão mais de 500 centros de distribuição e 220 unidades produtivas, entre fábricas de cerveja e refrigerante e as chamadas "operações verticalizadas" (maltarias, fábricas de garrafas de vidro e de latas, fazendas de plantio de guaraná, etc.).

Ferro é um veterano na cervejaria. Gaúcho de Tuparendi, município a quase 500 quilômetros de Porto Alegre, estudou Química Industrial na Universidade Federal de Santa Maria. Após a graduação, embarcou para a Bélgica, onde fez curso de mestre cervejeiro na Universidade Católica de Leuven. Em 1977, retornou ao Brasil e foi contratado pela Skol, em Londrina, no interior do Paraná (a cervejaria seria adquirida pela Brahma em 1980).

Quando Falconi começou a prestar consultoria na Brahma, Ferro teve contato com seu método. À época gerente industrial, ele recorda que o primeiro choque do Professor na sua área foi com a implementação do 5S. "Foi uma bela revolução para quem estava acostumado a trabalhar num ambiente caótico, porque percebemos que é quase impossível ser produtivo na bagunça", diz. "Embora isso hoje pareça quase óbvio, talvez o 5S tenha causado o primeiro grande impacto na nossa organização industrial e me ajudou em todas as aquisições que fizemos no exterior ao longo das décadas seguintes."

O executivo mergulhou tão fundo na filosofia da qualidade total que integrou a primeira turma de funcionários da cervejaria a obter a certificação Green Belt na metodologia Six Sigma, formada por quase 30 pessoas que, durante uma semana, se hospedaram num hotel em Campos do Jordão, no interior paulista. "Até hoje, todos os anos nossa área de gente certifica funcionários com White Belt, Green Belt, Black Belt e Master Black Belt. Mesmo os executivos que não participam dessas certificações aprendem que é mais fácil e rápido resolver problemas com método, usando meta, estatística e análise", completa Ferro.

Nessa época, a cervejaria intensificou o programa de benchmarking. A ideia era ver como os melhores do mundo resolviam seus problemas. Executivos eram despachados para conhecer de perto não apenas as maiores fabricantes de bebidas, como as concorrentes Anheuser-Busch e Interbrew, mas também empresas de áreas completamente diferentes, como a Johnson & Johnson. Ao aprender com os melhores e incorporar o sistema de gestão pregado por Falconi, a Brahma se tornava cada vez mais capaz de identificar e solucionar seus problemas, apoiando-se essencialmente no PDCA. O passo seguinte seria padronizar essas soluções, de modo que problemas já resolvidos não voltassem a assombrar a companhia no futuro.

O problema da rotina é que, para muita gente, ela é sinônimo de tédio e de limitação ao exercício da criatividade. "Tem sempre alguém que diz que está perdendo a liberdade ou que gostaria de ser mais criativo. Quer criatividade? A gente também, mas só para o que é necessário", diz Ferro. "Deixa a gente fixar o que é rotina primeiro, porque a máquina tem que rodar sozinha. Depois a gente pode liberar o seu tempo disponível para cumprir tarefas que exigem criatividade, resolver problemas para os quais a gente não sabe a solução."

Como diz Falconi, embora as atividades que exigem inovação pareçam as mais atraentes de uma empresa, 90% do resultado vem de uma rotina bem-feita.

CAPÍTULO 6

Metas para 176 milhões de habitantes

O carioca Pedro Pullen Parente já trabalhava no setor público havia quase 30 anos quando se defrontou com o maior "abacaxi" de sua carreira. Formado em Engenharia Elétrica pela Universidade de Brasília (UnB), ingressou no Banco do Brasil em 1971 e dois anos depois se transferiu para o Banco Central, onde permaneceu até 1984. Depois disso, ocupou diversas posições executivas nos ministérios da Fazenda e do Planejamento, até que, em 1999, assumiu o cargo de ministro-chefe da Casa Civil no governo Fernando Henrique Cardoso. Habilidoso, competente e discreto, tinha então 46 anos e se tornara um homem influente em Brasília, mas evitava os holofotes. Dessa vez, porém, não haveria como escapar deles.

No fim de 2000, técnicos do Ministério de Minas e Energia lançaram os primeiros alertas para o Planalto: o país poderia sofrer uma crise energética. De início, o aviso não parecia tão preocupante. A chance de o problema se concretizar era da ordem de 5%. Com o passar dos meses, porém, o alarme começou a soar mais alto. Em abril de 2001 veio a bomba: seria necessário fazer um racionamento e os cortes de energia poderiam chegar a até oito horas por dia. "Foi um Deus nos acuda", diz Parente.

Para encarar a situação seria preciso agir de forma rápida, firme e transparente. Pedro Malan, então ministro da Fazenda, foi quem sugeriu que Parente tomasse o controle daquilo. "Isso não é mais um problema do Ministério de Minas e Energia. Agora é do próprio governo, e eu acho que a Casa Civil tem que assumir a coordenação", disse Malan a Parente. "Vou falar com o presidente sobre isso."

FHC concordou com Malan. Parente se afastou da Casa Civil para se dedicar integralmente à Câmara de Gestão da Crise de Energia Elétrica, um comitê multidisciplinar criado para enfrentar o problema, do qual participaria quase uma dezena de pessoas, entre elas os ministros Malan, Alcides Tápias (Desenvolvimento) e Martus Tavares (Planejamento), além do presidente do BNDES, Francisco Gros. Apenas um dos integrantes desse grupo não fazia parte do governo: Vicente Falconi.

~

Parente e Falconi haviam se conhecido em 1997, quando o primeiro era secretário executivo do Ministério da Fazenda. Quem os apresentou foi Cincinato Rodrigues de Campos, ex-chefe de Parente no Banco Central e que, tempos depois, se transformaria em seu braço direito na Fazenda. Rodrigues de Campos era um entusiasta da gestão. Foi um dos grandes incentivadores da criação do Sistema Integrado de Administração Financeira (Siafi), na década de 1980, principal instrumento utilizado para registro, acompanhamento e controle da execução orçamentária, financeira e patrimonial do governo federal.

Certo dia, Rodrigues de Campos disse a Parente que ele deveria conhecer o consultor. Parente topou e determinou que fosse organizada uma apresentação de Falconi para uma equipe de cerca de 100 pessoas no auditório do ministério. O secretário executivo adorou o que ouviu.

Fiquei muito impressionado com aquilo, porque eu sempre gostei do tema gestão, mas nunca havia tido a oportunidade de me aproximar de conceitos práticos. E era exatamente isso que o Falconi trazia: PDCA, construção de plano de ação para resolver problemas... Então – e essa é a palavra que eu uso – fiquei "deslumbrado" com aquele negócio. Fiquei superdeslumbrado. A partir dali nós permanecemos em contato. Quando surgiu a questão do apagão, de imediato sugeri o nome dele para participar da Câmara... A gente precisava criar um sistema de metas que fosse compreensível para a população e pudesse ser seguido por todo mundo. E o Falconi era fundamental para me ajudar nisso, porque, sem as metas, a gente não conseguiria ter o engajamento da população.

Na sexta-feira, 11 de maio de 2001, Parente telefonou para Falconi e fez o convite – na verdade, mais uma convocação que um pedido:

– Professor, o país está numa crise de energia muito severa e nós precisamos do senhor aqui. Pode ser?

– Lógico que pode. Mas tem uma coisa, Pedro. Nós temos que fazer a coisa com ordem, com método e metas, né?

– Por isso é que eu estou te chamando.

– Então pode contar comigo.

Mesmo que quisesse, Falconi não teria tempo para pensar antes de aceitar. A primeira reunião da Câmara estava agendada para a segunda-feira seguinte, dia 14, às 15 horas, e ele deveria fazer uma apresentação já nesse encontro. Horas depois do telefonema, concedeu uma entrevista a uma jornalista da *Folha de S.Paulo*, que lhe perguntou, entre outras coisas, se o tempo para trabalhar não seria exíguo, já que o racionamento começaria dia 1º de junho. A resposta de Falconi, simples e carregada de seu sotaque mineiro, foi emblemática de seu estilo: "Uai, estamos diante de um problema e temos de resolvê-lo da melhor maneira que pudermos." No fim de semana, ele fez as malas. Avisou a esposa e as filhas que embarcaria para Brasília naquele domingo, sem data para voltar.

A situação era dramática, para dizer o mínimo. De início, um dos maiores problemas era ter informações confiáveis sobre a gravidade do caso. Quando, na primeira reunião, Falconi perguntou quanto o país precisava economizar de energia, os presentes se entreolharam. Ninguém sabia qual deveria ser a meta. Parente, então, procurou o Operador Nacional do Sistema Elétrico (ONS), órgão responsável pela coordenação e pelo controle da operação das instalações de geração e transmissão de energia elétrica do país. Duas horas depois, recebeu a resposta: baseado na quantidade de água estocada nos reservatórios, para chegar até o final do ano sem apagão seria preciso reduzir o consumo em 20%.

A meta era elevada, o tempo para agir, curtíssimo, e as consequências de um possível apagão, devastadoras. À época, o general Alberto Mendes Cardoso, então ministro-chefe do Gabinete de Segurança Institucional da Presidência da República, apresentou ao comitê uma pesquisa sobre o papel das Forças Armadas no caso de um colapso. Falconi conta que tipo de consequência poderia haver no caso de um eventual apagão:

O que estávamos enfrentando não era o apagão de pico, em que há um desequilíbrio temporário entre a capacidade de produção e o consumo [nesse caso, o sistema não aguenta e desliga sozinho algumas partes do país]. Naquela ocasião, o risco era o chamado apagão de exaustão. Tínhamos poucas geradoras, menos linhas de transmissão, uma usina atômica e mais nada. Então, quando a água dos reservatórios acabasse, não haveria para onde correr. A principal característica desse tipo de apagão é que a energia só volta quando chove de novo. Estamos falando de dias, semanas ou até meses sem luz.

O general Cardoso e um grupo do Exército fizeram um estudo do que aconteceria a partir daí. Entraram em contato com 900 hospitais, por exemplo, para ver quais tinham gerador – algo que, por lei, seria obrigatório. Todos tinham o equipamento, mas, quando foi feita uma simu-

lação de queda de energia, apenas 40 funcionaram; nos outros 860 hospitais o equipamento não deu sinal de vida. Como manteriam os aparelhos hospitalares operando? Como bancos de sangue funcionariam sem energia para mantê-los refrigerados? Depois de quatro dias o estoque inteiro poderia ser jogado fora!

Sem energia uma refinaria de petróleo não produziria e em pouco tempo os estoques de combustível nos postos secariam. Aí não teria mais transporte. Como poderia ser feito o transporte de alimentos sem caminhões? É bom nem pensar nos impactos... Foi um negócio assustador que mantivemos em segredo no comitê. Mas a conclusão era clara: ou economiza ou economiza. Não tinha alternativa.

O racionamento precisava dar certo. E rápido.

~

Desdobrar a meta de redução de consumo para 176 milhões de brasileiros – a população do país à época – era a tarefa de Vicente Falconi. Para isso, primeiro o consultor dividiu a "conta" entre os vários setores – residencial, comercial, industrial, etc. Em seguida, desdobrou para subsetores. Por fim, as casas, os pontos comerciais, os hospitais e as empresas do país receberam suas metas, que passariam a valer a partir de 1º de junho, quando começaria oficialmente o racionamento. "Eu gosto de falar que foi o maior desdobramento de metas do mundo", diz Falconi. "Acho que ninguém nunca colocou uma meta para o país inteiro, como nós colocamos na época." Estas eram as principais:

1. Os consumidores residenciais com gasto mensal acima de 100 quilowatts/hora (kWh) precisavam diminuir o consumo em 20% em relação ao consumo médio registrado entre abril e junho do ano anterior. Quem superasse a meta ganharia descontos.

Quem não a atingisse pagaria uma sobretaxa – e, se reincidisse, teria o fornecimento cortado.

2. As indústrias deveriam reduzir o consumo entre 15% e 25%, dependendo do setor. A meta era menor para empresas de segmentos como alimentos, bebidas, têxtil, couro, calçados, automóveis e autopeças. Ficava no teto para atividades como metalurgia, siderurgia não integrada, produção de alumínio, gás industrial, soda, cloro, papel, ferro-liga e cimento. Quem superasse a meta de redução ganharia créditos de energia para uso futuro. Quem não a atingisse precisaria lançar mão dos créditos ou comprar o insumo a preços de mercado. Se reincidisse, teria o fornecimento cortado.

3. Nas repartições do serviço público federal, a redução seria maior, mas escalonada. No primeiro mês, de 15%. No segundo, de 25%, e a partir do terceiro, seguindo até março de 2002, de 35%.

4. As distribuidoras foram proibidas tanto de fazer novas ligações elétricas (exceto residenciais e na zona rural) quanto de atender a novos pedidos de elevação de carga de consumo.

5. A iluminação pública deveria ser cortada em 35%.

Uma das atribuições do comitê era explicar as diretrizes para as empresas distribuidoras de energia e orientá-las a negociar com os maiores consumidores – em geral, grandes empresas. Essas companhias, que tinham alto consumo de energia, receberam um estímulo para reduzir o gasto: qualquer energia economizada além da meta poderia ser vendida para o governo. "O governo pagava preço de mercado negro e estabelecia, como única condição, que a empresa não fizesse demissões", explica Falconi. "Todo mundo se interessava."

Menos de quatro semanas depois de formado, o comitê tinha em sua sala um telão exibindo, em tempo real, onde as metas estavam sendo cumpridas (luz verde) e quem estava abaixo (em vermelho) – num modelo de "gestão à vista", similar ao que Falconi aplica nas empresas por onde passa. Além da penalidade financeira e até do desligamento da energia, quem não cumpria a meta sofria o risco de ter a imagem arranhada. Uma das estratégias do comitê era "vazar" para a imprensa quem eram os grandes consumidores que não estavam fazendo sua parte.

Durante 90 dias Falconi se dedicou integralmente ao controle da crise. Hospedava-se no Hotel Naoum de segunda a sexta-feira e só voltava para casa, em Belo Horizonte, nos fins de semana. Acordava às 4h30 da manhã, hábito que incorporou na década de 1980 e mantém até hoje, e logo começava a trabalhar. Almoçava sempre no Palácio do Planalto e só ia jantar por volta das 22 horas, quando retornava ao hotel.

No segundo mês do racionamento já era possível ver os avanços. Consumidores residenciais, comerciais e industriais mudaram seus hábitos para se enquadrar à nova realidade. Uma das primeiras providências das famílias e das empresas foi substituir as tradicionais lâmpadas incandescentes por modelos fluorescentes, os mais econômicos na época. Como a produção local era praticamente zero, o governo estabeleceu a isenção de tributos, como o imposto sobre importação. Resultado: as vendas triplicaram. O volume importado passou de 31,3 milhões de dólares em 2000 para 98,5 milhões de dólares em 2001.

Os banhos encurtaram e muitos eletrodomésticos ficaram encostados. Os efeitos indiretos dessa mudança de comportamento forçada eram inusitados. De imediato, o consumo de detergente para as máquinas de lavar louça, por exemplo, caiu 15%. Também diminuiu o uso de sabão em pó, já que as lavadoras de roupa foram substituídas pelo bom e velho tanque – e as vendas de sabão em pedra, que recuavam ano após ano, de repente se estabilizaram.

Uma pesquisa realizada em 2005 pela Eletrobras com cerca de 500 indústrias indicou que 54% delas adotaram alguma medida para reduzir o consumo de energia durante o racionamento. Do grupo que promoveu ajustes, 42% apostaram em mudanças de processos produtivos, 37% investiram em geração própria e 36% realizaram ações de gerenciamento energético (com melhoria da disciplina operacional).

Uma das razões para a população ter compreendido o racionamento foi o enorme esforço de comunicação feito por Pedro Parente. Todos os dias, às 16 horas, Parente conduzia uma coletiva de imprensa para explicar aos jornalistas cada passo para controlar a crise. "Eu assumi comigo mesmo o compromisso de que não inventaria e não mentiria para a população. Jamais distorceria a verdade. Se o governo deixou a situação chegar naquele ponto, ele precisava se redimir. E a melhor forma de fazer isso era adotando absoluta transparência diante da população", diz ele.

Homem de fala clara e calma, Parente raramente ergue a voz. No contato diário com a imprensa, apesar do aparente domínio da situação, ele permanecia em constante estado de alerta. Falconi recorda que, minutos antes de ir para as coletivas, Parente costumava perguntar aos demais membros do comitê: "O que temos de carne para dar aos leões hoje?"

Outra preocupação do chefe do comitê era dar o exemplo. Em sua opinião, todos os envolvidos no combate à crise deveriam superar as metas de redução de consumo. Na casa de Falconi, quem fez os cortes foi a esposa, Marilda. Ela desligou um freezer e o filtro da piscina. Em cada cômodo, manteve apenas uma lâmpada em funcionamento (das econômicas, claro). Todas as demais foram removidas. Com isso, a economia na residência do consultor foi de quase 50% além da meta estabelecida.

Na residência de Parente, a situação foi similar, conforme relatado em matéria publicada à época pela *Folha de S.Paulo*. No apartamento de quatro quartos onde morava com a família, em Brasília, o consumo foi reduzido de 870kWh/mês (em maio de 2001, antes da entrada do racionamento) para 420kWh/mês (em julho). Entre as medidas adotadas, houve a substituição de chuveiros elétricos por modelos a gás e a troca de lâmpadas comuns pelas econômicas.

O racionamento foi encerrado em 28 de fevereiro de 2002. Nos nove meses em que vigorou, a economia forçada permitiu ao país poupar 38 milhões de MWh de energia – o equivalente ao consumo de um ano de 19 milhões de famílias, considerando-se uma demanda média de 170 kWh por mês. O aumento dos níveis dos reservatórios e os planos de investimento no setor levavam a crer que praticamente não haveria risco de déficit energético até 2003, mesmo que chovesse pouco. No Nordeste, o nível das represas voltou para a casa dos 48% em fevereiro, depois de atingir irrisórios 7% três meses antes. No Sudeste e no Centro-Oeste, os reservatórios alcançaram 57% da capacidade, contra 32% no final de 2002.

Se de um lado o governo cobrou a redução do consumo, de outro criou um programa de investimentos para aumentar a oferta de energia, prevendo a aplicação de 42 bilhões de reais na construção de novas hidrelétricas, termelétricas e linhas de transmissão. No fim de 2001, o número de novas usinas em obras era de 58 – e havia ainda outras 242 já concedidas ou autorizadas pela Agência Nacional de Energia Elétrica (Aneel). O parque gerador atingiu uma capacidade de 74.987 MW, contra 65.200 MW três anos antes.

Depois de deixar o governo FHC, Parente trabalharia na iniciativa privada, em empresas como o Grupo RBS, do setor de mídia, e a Bunge, do ramo de alimentos. Em ambas, Falconi e seu time de consultores foram convocados a prestar serviços para melhorar a produtividade. Em maio de 2016, Parente foi nomeado presidente da Petrobras, então combalida pela corrupção e por uma dívida de 450 bilhões de reais. Poucos meses depois da nomeação, anunciou a contratação da consultoria de Falconi para ajudá-lo a reequilibrar a empresa.

No alto, à esquerda: aos 5 anos, com a irmã Magnolia. Desde pequeno o "Cabeça", como foi apelidado pelos amigos, se destacou nos estudos e tirou boas notas.

No alto, à direita: sede da Escola de Engenharia da UFMG, que abriga a Fundação Christiano Ottoni. Neste prédio Falconi se formou e, em 1964, começou a dar aulas.

Acima: com a turma de doutorado da Colorado School of Mines, nos Estados Unidos. Terceiro da esquerda para a direita na segunda fileira de baixo para cima, Falconi se tornou ph.D. graças a uma bolsa de estudos do CNPq.

Acima, o engenheiro e consultor americano William Deming no Japão, em 1955, ao lado do diretor da Juse, Kenichi Koyanagi. Deming foi um dos grandes responsáveis por ajudar na reconstrução do país após a Segunda Guerra Mundial, divulgando o PDCA (que se tornaria a base da filosofia pregada por Falconi). Abaixo, o brasileiro participa de um curso no Japão, em 1991.

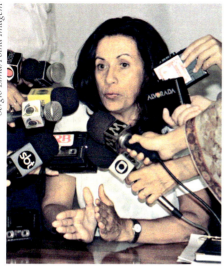 

Nos anos 1990, Vicente Falconi começou a disseminar seu método por grandes empresas brasileiras. Com a abertura da economia, da qual Dorothea Werneck (acima, à esquerda) foi uma das responsáveis, a falta de competitividade das indústrias nacionais ficou evidente. O empresário Jorge Gerdau (acima, à direita), então à frente da siderúrgica que leva o nome da família, se tornou um dos maiores entusiastas do trabalho do Professor.

Abaixo, foto da fábrica da Brahma. No começo da década de 1990, quando Falconi começou a prestar consultoria para a empresa, a falta de padronização da cerveja era tamanha que a composição variava entre as fábricas e até entre os mestres cervejeiros.

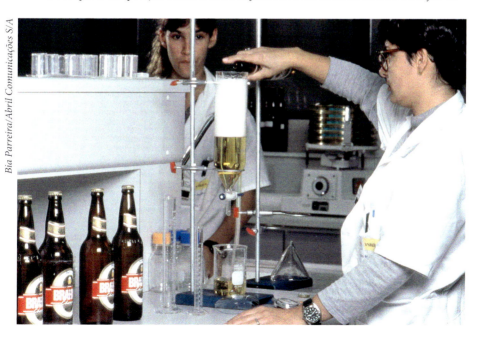

Da esquerda para a direita: Eduardo D'Ávila, Walter Fontana Filho, Luiz Fernando Furlan e Flávio Schmidt, do Grupo Sadia, em 1993. Falconi começou a prestar consultoria para a fabricante de alimentos nos anos 1990 e depois se tornou membro de seu conselho de administração. A certa altura, empolgado com os resultados da empresa, vendeu todas as ações que tinha na Ambev para comprar papéis da Sadia.

Em 2001, o Brasil viveu o risco de um apagão de energia elétrica. Escalado pelo governo para resolver a crise, Pedro Parente (abaixo) convocou Vicente Falconi para montar um plano de metas de redução de consumo para todos os brasileiros e evitar o colapso do sistema.

Da esquerda para a direita: em 2011, Vicente Falconi com Mateus Bandeira (CEO do INDG) e José Godoy (seu sócio no INDG). Parceiros durante quase quatro décadas, Falconi e Godoy começaram a discordar dos rumos da consultoria em 2008. A situação ficou mais delicada com a chegada de Bandeira, no início de 2011. Apoiado pelo conselho de administração, o executivo promoveu mudanças que desagradaram Godoy. No mesmo ano, Godoy decidiu vender seus 50% da firma para Falconi.

Lançamento de O verdadeiro poder, em 2009. Ao longo de sua carreira, Vicente Falconi escreveu sete livros sobre seu método de trabalho. Juntos, os títulos venderam quase 1 milhão de exemplares.

Fundamental na construção da cultura das empresas da 3G Capital, Falconi formou uma legião de discípulos que hoje comandam empresas com presença global. Entre eles estão Carlos Brito, CEO da AB InBev (acima); Bernardo Hees, CEO da Kraft Heinz (abaixo, no meio); Alexandre Behring, CEO da 3G Capital (na página ao lado, acima), e Bernardo Pinto Paiva, diretor-geral da Ambev (na página ao lado, no centro). Com o início da internacionalização da consultoria, Falconi é cada vez mais convidado a participar de eventos no exterior. Na página ao lado, abaixo, em convenção do Burger King em Dubai, em 2013.

Keith Srakocic/AP Photo/Glow Images

Ambev/Divulgação

Acervo pessoal

Fotos: acervo pessoal

Mais influente guru brasileiro de gestão, Falconi está próximo dos maiores empresários nacionais. À esquerda, com Mateus Bandeira, então CEO da Falconi, no aniversário de Jorge Paulo Lemann (no meio), comemorado em Harvard. À direita, com Luis Norberto Paschoal, dono da rede de serviços automotivos DPaschoal, e Beto Sicupira, sócio da 3G Capital, na inauguração da Sala Vicente Falconi, no Insper.

Anualmente, a consultoria realiza o Movimento Falconi, evento que reúne grandes personalidades para debater questões importantes para o Brasil. Já participaram desses encontros Marcel Telles, sócio da 3G (acima), em 2013; Pedro Moreira Salles, presidente do conselho do Itaú Unibanco e membro do conselho da Falconi (à esquerda), em 2015; e o ex-presidente Fernando Henrique Cardoso (à direita), também em 2015.

CAPÍTULO 7

Gestão x corrupção

A participação de Vicente Falconi na crise do apagão foi sua aparição mais ruidosa na esfera pública, mas não a primeira. No início de 2001 ele começara um projeto na área de educação no Ceará, então governado por Tasso Jereissati. Seu caminho até lá foi pavimentado pelo empresário Beto Sicupira. No ano anterior, Beto havia criado a Fundação Brava, organização não governamental de apoio a projetos de melhoria da gestão pública no país.

No Ceará, o trabalho de Falconi e seu time de consultores era implantar um modelo de gestão na Secretaria de Educação e nas escolas públicas para melhorar seu desempenho. No total, 960 pessoas foram capacitadas pela consultoria para disseminar os conceitos e o plano estratégico para toda a rede de ensino. Nos cinco anos seguintes, esse movimento faria não apenas com que as escolas fossem mais bem administradas, mas também com que os alunos melhorassem seu rendimento. Entre 2001 e 2007, a média de desempenho dos estudantes no Sistema de Avaliação de Educação Básica (Saeb) aumentou 2,4% – a maior evolução entre os estados nordestinos.

Um ano após a fundação da Brava, o empresário Jorge Gerdau criou o Movimento Brasil Competitivo (MBC). Um grupo formado por Gerdau, Elcio de Lucca (ex-presidente da Serasa), Edson Vaz Musa (ex-presidente da Rhodia e sócio da fabricante de bicicletas Caloi) e Antonio Maciel Neto (ex-presidente da subsidiária brasileira da Ford e da rede de concessionárias Caoa) determinou que entre as prioridades do MBC estaria a criação de um programa para levar as tecnologias de gestão para o setor público e de um prêmio para pequenas e médias empresas. As iniciativas de Beto e Gerdau tinham um grande ponto de interseção, e não demorou para os dois começarem a atuar juntos.

Durante a campanha para a eleição de governador, em 2002, um nome despontava em Minas Gerais, o de Aécio Neves (PSDB), neto de Tancredo Neves. Se ele vencesse a eleição, encontraria um estado devastado. O governo Itamar Franco fora um desastre financeiro. O orçamento apresentava déficit de 2,3 bilhões de reais, o caixa tinha um rombo de 5 bilhões de reais em dívidas com fornecedores, o crédito internacional evaporara desde 1999, os salários dos funcionários públicos atrasavam com frequência. Gerdau procurou Aécio na reta final da campanha e fez uma pergunta: se vencesse, toparia fazer um teste e utilizar no setor público metodologias de gestão da qualidade? De largada, Aécio titubeou. Achava que seria difícil adaptar, na máquina do governo, um modelo que funcionava em empresas. Gerdau insistiu e, finalmente, o político concordou.

Assim que ganhou a eleição, Aécio incumbiu Antonio Anastasia – que viria a ser o coordenador da equipe de transição e, a partir de 2003, secretário de Planejamento e Gestão – de reunir-se com Falconi para traçar um plano de ação. Durante o período de transição entre os governos, eles se dedicaram a criar quatro grandes projetos. Poucos dias depois de tomar posse, porém, Aécio chamou os dois para uma conversa. Explicou que gostara das ideias, mas não tinha dinheiro para bancar a execução.

Só havia uma saída: que a iniciativa privada custeasse a consultoria. Assim, Gerdau e Beto começaram a "passar o chapéu" entre os empresários para garantir o pagamento dos 4 milhões de reais cobrados pelo INDG para implementar os projetos. Alcançado o montante necessário, o passo seguinte foi montar a equipe de 50 consultores que tocaria o trabalho.

Por onde começar numa situação de penúria como aquela? "O professor Falconi falou para todo o nosso time e para a equipe do Aécio que, sem dinheiro, não dava para fazer nada, então a primeira coisa era ver se havia oportunidade de alavancar a receita sem aumentar o imposto, se dava para melhorar o processo de arrecadação", diz Welerson Cavalieri, hoje sócio da consultoria e à época líder do projeto. "O segundo ponto vital era gastar menos. Ou seja, acabar com o desperdício."

O que se viu a partir daí foi uma distribuição de metas inédita para o funcionalismo do estado e um pente-fino nas contas. Pela primeira vez, um sistema de metas e redução de despesas, já amplamente testado em empresas como Ambev e Sadia, seria colocado em prática na esfera pública com tanto alcance. Algumas das modificações sugeridas pelo INDG exigiram até mudanças nas leis estaduais, como a substituição do adicional por tempo de serviço para os novos funcionários públicos por gratificações por desempenho – na prática, uma troca da inércia pela eficiência. Os agentes do ICMS, por exemplo, receberam metas de fiscalização. Quem superasse os objetivos passaria a receber um bônus. A medida teve impacto direto no aumento da arrecadação total do Estado – que subiu mais de 14% em um ano.

Ao adotar ferramentas que tornavam as empresas mais eficientes, o governo estadual foi capaz de identificar as próprias distorções. Um exemplo gritante acontecia com a área de compras. Ao analisar cada item adquirido pelos departamentos, os consultores descobriram várias anomalias. Uma delas era que um mesmo medicamento adquirido por diferentes áreas chegava a apresentar variação de até 100% no preço. Ao corrigir aberrações como essa, foi possível fazer uma economia de 500 milhões de reais.

Se de um lado Falconi e sua equipe passavam uma lupa nos gastos e nos processos, de outro Anastasia comandava o enxugamento da máquina pública. Ao usar um dispositivo da constituição mineira que transfere poderes de legislar ao governador, ele conseguiu reduzir o número de secretarias de 21 para 15, extinguiu 43 órgãos e eliminou 3 mil cargos de confiança.

Dezoito meses após o início do projeto, Aécio Neves convidou um grupo de pessoas envolvidas no trabalho para um almoço no Palácio das Mangabeiras, residência oficial do governador. Entre os convidados estavam os empresários Jorge Gerdau e Beto Sicupira, Vicente Falconi e membros do alto escalão do governo estadual, como Antonio Anastasia e alguns secretários. Como Aécio não revelara o motivo do encontro, Falconi estava apreensivo.

Pensamos até que ele iria desistir do projeto... Porém, quando chegamos lá vimos uma mesa grande e bem preparada. Um negócio chique, com um cardápio impresso para cada convidado. O almoço rolando e o Aécio não explicava a razão de estarmos ali, até que no final ele perguntou se estávamos curiosos para saber o porquê da reunião. Respondemos que sim e aí ele anunciou que tinha reunido todo mundo para comemorar o fato de o estado ter atingido o equilíbrio fiscal. Imagina! Um estado que antes estava quebrado e em apenas 18 meses tinha conseguido reequilibrar as contas! Por causa desse projeto, que nos deu grande visibilidade no setor público, viemos a fazer trabalhos para outros 11 estados.

Apesar do sucesso inicial, o INDG não conseguiu se imiscuir em todas as áreas do governo mineiro. Uma das que resistiram foi a Educação. O INDG contratou um fotógrafo para percorrer o estado e registrar a situação das escolas públicas. Em uma reunião com o secretariado e o governador, Falconi apresentou não apenas fotos, mas também um resumo do grave quadro pelo qual passava o setor – os problemas iam das notas baixas dos alunos à precariedade das escolas, que, em dias de chuva intensa, precisavam suspender as aulas, porque chovia dentro das salas. A então secretária da Educação, Vanessa Guimarães Pinto, ex-reitora da UFMG e com larga experiência no setor, não gostou do que ouviu. Apesar de próxima de Falconi – foi uma de suas madrinhas de casamento –, Vanessa sentiu-se pessoalmente ofendida com a apresentação e barrou a entrada do INDG.

Beto Sicupira procurou, então, outro caminho para ajudar a desenvolver a educação do estado. Em janeiro de 2007, telefonou para Stefan Matzinger, sócio responsável pela operação brasileira da McKinsey, e perguntou se a consultoria poderia propor um projeto de transformação na educação de Minas Gerais. Sugeriu que fossem conversar com a secretária e analisassem a fundo a situação, para então dar um diagnóstico. Um detalhe importante: Beto pediu que a análise fosse *pro bono*. Se depois a secretária concordasse com o plano, o empresário os contrataria.

Dias depois Matzinger embarcou para Belo Horizonte acompanhado de Nicola Calicchio, outro sócio da McKinsey. Mineiro de nascimento e alertado por Beto de que a apresentação de Falconi havia desagradado Vanessa, Calicchio preferiu tomar um caminho mais diplomático. Quando a reunião com a secretária finalmente começou, depois de quase duas horas de atraso, ele explicou que a consultoria estava ali para ajudar, e não para impor metas. Quis saber quais eram os planos de Vanessa para os anos seguintes e como ela via a situação da pasta.

Seis semanas depois do encontro, quando Calicchio apresentou sua proposta, Vanessa não fez reservas. Em vez de metas, a proposta inicial da consultoria era criar um grande sonho para a educação do estado: que até 2010 todas as crianças em idade de alfabetização soubessem ler e escrever. Na época, apenas 49% das crianças de 8 anos que frequentavam a escola havia três anos tinham esse conhecimento. Na opinião da McKinsey, sem essa base sólida tudo mais estaria comprometido.

Embora substituir "meta" por "sonho" possa parecer um simples eufemismo, a estratégia funcionou. Em vez de resistir às mudanças sugeridas pela consultoria, professores, diretores e administradores da rede pública de ensino se engajaram no projeto. Durante seis meses consultores da McKinsey viajaram por todo o estado e treinaram 50 funcionários da secretaria, de modo a disseminar o "sonho" e a forma de alcançá-lo. O resultado foi que em quatro anos o índice de crianças capazes de ler e escrever saltou de 49% para 90%. Essa base serviu como alicerce para a melhoria de todo o ensino fundamental e, no mesmo período, Minas saltou do quinto para o primeiro lugar no Índice de Desenvolvimento da Educação Básica (Ideb).

A McKinsey acabaria por ganhar espaço em Minas Gerais também por seu jeitão discreto – que se contrapunha ao do INDG da época. O "choque de gestão" a que fora submetido o estado ganhara imensa repercussão na imprensa. Falconi foi alçado a uma espécie de artífice do movimento, o que gerou uma tremenda ciumeira dentro do governo. Beto Sicupira, que sempre fugiu dos holofotes, alertou o consultor de que seria melhor deixar o mérito para o governador e o time dele. Não adiantou, e o clima começou a azedar, até que a certa altura Beto recebeu um recado de que Falconi e sua consultoria estavam cortados dos projetos em Minas. Falconi aprendeu a lição e nos trabalhos seguintes na esfera pública optou pela discrição.

Apoiados na vitrine que se tornou Minas Gerais, Jorge Gerdau e Beto Sicupira iniciaram uma peregrinação por diversos estados brasileiros. Gerdau vendia os projetos e Beto era o encarregado de buscar recursos junto aos empresários para financiá-los. Falconi acompanhava Gerdau em todas as visitas aos governadores. Na saída, a dupla avaliava a receptividade dos políticos e o potencial de levar o trabalho adiante. Em seguida, os dois atribuíam uma nota de 0 a 10 ao encontro e só voltavam a conversar com os que tirassem no mínimo 7. "Teve governador que tirou 0", diz Falconi, sem revelar o nome do político. "Até hoje deve ter gente se perguntando: 'O que o Jorge Gerdau veio fazer aqui com aquele consultor?'"

Um dos políticos mais bem avaliados pela dupla numa das visitas foi Eduardo Campos, do PSB de Pernambuco. Economista de formação, ele atuava havia quase duas décadas no setor público quando foi eleito governador, em 2006, aos 41 anos. Neto do ex-governador do estado Miguel Arraes, Campos conhecia bem os meandros da política e combinava o conhecimento a um desejo de melhorar as engrenagens do estado. Logo depois de eleito, marcou uma reunião com Gerdau e Falconi.

Como sempre acontecia nessas ocasiões, Falconi começou perguntando qual era o problema a ser resolvido. O consultor imaginava que a resposta de Campos seguiria a linha de Aécio Neves e se concentraria no ajuste fiscal. Para sua surpresa, porém, o governador eleito tinha planos mais abrangentes. "Quero ajuste fiscal, quero saúde, quero educação, quero segurança", respondeu Eduardo Campos. Falconi se comprometeu a traçar um plano.

~

Era uma tarde de sexta-feira, em dezembro de 2006. Falconi havia acabado de fazer check-in no Sofitel, hotel na Zona Sul do Rio de Janeiro, com Marilda. Estavam ansiosos pela chegada das netinhas que moravam na Alemanha e haviam embarcado em Frankfurt direto para a capital fluminense. Fazia semanas que Julia e Sophia, então com 4 e 2 anos de idade, respectivamente, combinavam um banho de mar com o avô. Foi quando o celular de Falconi tocou. Do outro lado da linha estava Eduardo Campos.

– Professor Falconi, tudo bem? Olha, eu preciso do senhor aqui amanhã para apresentar o plano para o secretariado.

– Governador, o senhor está brincando? Amanhã é sábado!

– Pois é... O senhor não vai ter nada para fazer mesmo... Vem para cá.

– Governador, deixa eu te contar uma coisa: estou no Rio de Janeiro com a minha mulher e amanhã chegam as minhas netinhas, nós vamos tomar banho de mar...

– Falconi, fala para as suas netinhas que elas são muito criancinhas ainda, que elas têm muitos anos para viver, e o meu governo é um só, tá? Quero você aqui amanhã.

Em seguida, Campos desligou.

Atordoado, Falconi telefonou para Jorge Gerdau. O empresário recomendou que o consultor fretasse um avião e fizesse um bate e volta em Recife no dia seguinte. Falconi seguiu a orientação. Às 9 horas da manhã embarcou em um avião da Líder para a capital pernambucana, de onde voltaria à noite. As netinhas teriam que esperar até domingo para ir à praia com o avô.

Campos era um entusiasta da gestão, mas o mesmo não podia ser dito de todos os seus secretários. À medida que Falconi apresentava suas ideias e mostrava como práticas comumente utilizadas na iniciativa privada poderiam ser adotadas em Pernambuco, alguns membros do gabinete se mostravam desconfortáveis com o plano. Falconi recorda a resistência:

Uns dois ou três do primeiro escalão começaram a criar caso. Eles não faziam perguntas técnicas. A questão era ideológica. Aí fica difícil argumentar... O Eduardo Campos foi deixando, porque também seria ruim se ele contrariasse a equipe de cara. Mas a certa altura ele se levantou e disse: "Professor, está vendo esses três que estão fazendo mais perguntas para você? São os três mais de esquerda. O senhor dá um desconto, viu? Porque esse pessoal tem muita ideologia. Eles não são a esquerda comportada como eu. Mas no final todo mundo vai entender que gestão não tem nada a ver com ideologia."

Aí eu terminei de falar com calma. Almocei com eles, fiquei para uma sessão de discussão e fui embora.

Nos quatro anos seguintes, uma equipe formada por dezenas de consultores do INDG trabalharia próxima ao governador para ajudá-lo a resolver os problemas do estado. Juntos, estabeleceram metas e indicadores de desempenho para alcançar os objetivos estratégicos determinados por Campos, que acompanhava os resultados semanalmente. "Ele participava muito. Ia às escolas, conversava com os professores, dava o exemplo. Era o único governador que se reunia diretamente conosco e cobrava resultados dos consultores. Isso mudou o modo como o projeto era percebido e como as pessoas se engajavam nele", afirma Falconi.

O Professor e sua equipe distribuíram metas para os funcionários públicos e criaram planos de remuneração variável atrelados ao cumprimento dos objetivos. Assim como a iniciativa privada já sabia, o setor público aprendeu ali que sem medição não há gestão. E para medir com precisão foram criados instrumentos como o Índice de Desenvolvimento da Educação de Pernambuco (Idepe), que previa a aplicação de uma prova anual a todos os alunos para, a partir das notas, determinar quais escolas precisavam de mais atenção. Os diretores e professores das instituições que tivessem os melhores resultados podiam receber uma remuneração variável de até 2,5 vezes o salário. Em 2015, o estado desembolsou um total de 15 milhões de reais em pagamento de bônus para escolas que conseguiram atingir as metas do Idepe.

O mesmo tipo de controle foi utilizado na área da segurança. Quando Campos assumiu o primeiro mandato, Pernambuco era o estado mais violento do Brasil. Em 2014, segundo dados do 10º Anuário Brasileiro de Segurança Pública, havia caído para a 13ª posição. Para mostrar a evolução do desempenho do setor, foi instalado um semáforo dentro do Departamento de Homicídios, e as cores das luzes – verde, amarela e vermelha – indicavam se as metas estavam sendo batidas. Assim como os professores, o corpo policial também passou a ganhar bônus pelo desempenho. Em alguns casos os valores chegavam a 3,2 mil reais. (Vale ressaltar que a taxa de crimes violentos letais, que era de 54 por 100 mil habitantes em 2008 e caiu para 34 por 100 mil em 2013, voltou a subir. Em 2016, ficou em 48 por 100 mil. O governo estadual argumenta que o aumento da criminalidade é decorrência da crise econômica. Especialistas em segurança, porém, afirmam que faltou investimento na área e que o simples pagamento de bônus aos policiais não consegue sustentar os níveis de criminalidade baixos.)

Para Falconi, o trabalho em Pernambuco foi o mais completo desenvolvido pela consultoria na esfera pública. Os avanços na gestão permitiram a reeleição de Campos e sua projeção nacional. Em 2014, então candidato à presidência, Eduardo Campos faleceu num acidente de avião. O jatinho em que viajava caiu no dia 13 de agosto, em Santos, no litoral paulista, depois de decolar do aeroporto Santos Dumont, no Rio de Janeiro, com destino ao Guarujá.

Muito do que Falconi e seu time fizeram em Pernambuco na área da segurança foi inspirado na experiência que começara pouco antes no Rio de Janeiro. Ainda durante a campanha eleitoral ao governo do estado, o então candidato Sérgio Cabral se encontrou com o empresário Beto Sicupira e com Vicente Falconi para saber se poderia contar com a ajuda deles caso vencesse a disputa. Animado com os resultados em Minas Gerais, se eleito, Cabral queria repetir a dose no estado. A dupla concordou com a ideia.

Na manhã da segunda-feira 30 de outubro de 2006, um dia após ser eleito governador, Cabral telefonou para Beto e perguntou se eles estavam prontos para trabalhar. Para analisar o problema da segurança no estado, Falconi recorreu ao sistema Toyota de produção. Assim como a montadora analisa todo o fluxo do sistema de fabricação de veículos – da compra de autopeças à entrega do carro –, Falconi pretendia destrinchar todas as etapas do sistema de segurança do estado e, com base na análise, fazer os ajustes necessários.

Beto Sicupira envolveu-se no processo desde o início e comparecia pessoalmente às principais reuniões com a cúpula da Secretaria de Segurança, localizada no centro do Rio. Ele mesmo fez uma apresentação de três horas sobre o modelo para Sérgio Cabral e o secretariado. A certa altura, alguém perguntou o que aquilo tinha a ver com segurança. A resposta foi que, do mesmo jeito que a Toyota analisava a linha de produção, o grupo analisaria por dentro todas as etapas da segurança – da ocorrência de um crime à liberação de um detento do presídio.

O consultor líder do projeto do Rio de Janeiro era o carioca Luis Seixas. Formado em Administração, ele conhecera Falconi em 1996, quando ainda trabalhava na área de TI da seguradora SulAmérica. Tempos depois, iria para o INDG, de onde só sairia em 2010, acompanhado de outros três colegas, para montar a consultoria Avention. O projeto no Rio era, até então, o mais complexo de sua carreira. No total, 150 consultores se desdobraram em oito frentes de trabalho, que analisavam despesas em todas as áreas, desde saúde até informática. Somados, esses gastos totalizavam quase 2,3 bilhões de reais por ano. Ao final do projeto, a economia chegou a 838 milhões de reais. "Ter o Falconi e o Beto na sua cola é um negócio que não desejo para ninguém. A cobrança é árdua", diz Seixas, com um sorriso.

O consumo de combustível dos automóveis da polícia, por exemplo, variava até 100% de um batalhão da Polícia Militar para outro, embora os modelos dos carros fossem os mesmos. Havia casos em que a análise dos dados identificava automóveis fazendo apenas 1 quilômetro por litro. Como explicar uma situação dessas? "O Falconi tem o incrível mérito de transformar uma apresentação extremamente difícil em algo simples", comenta Seixas. "Então, na hora de expor os dados do levantamento do consumo, ele apenas dizia que havia um problema de manutenção que precisava ser corrigido e que geraria uma economia gigantesca, sem entrar em atrito com ninguém."

Na área da segurança, a influência do trabalho capitaneado por Beto e Falconi iria muito além da redução de custos. Com base na análise da situação, eles ajudaram a mudar todo o funcionamento da Polícia Militar, o que acabaria reduzindo o número de mortes no estado. Em 2006, o índice era de 49,9 por 100 mil habitantes. Seis anos depois, cairia para 28,7 por 100 mil habitantes. Em grande medida por conta do tráfico de drogas, o Rio de Janeiro estava à beira do caos social. "Nos primeiros seis meses do governo morreram mais PMs do que americanos no Iraque", diz uma pessoa que participou do projeto. "Estávamos perdendo a guerra."

~

Em 1805, no auge da Era Napoleônica, a Grã-Bretanha enfrentou a França e a Espanha num dos mais sangrentos embates navais da história, que ficaria conhecido como Batalha de Trafalgar. A frota britânica, comandada pelo almirante Nelson, era menor que a dos adversários – com 27 navios, enfrentaria 33 dos franceses e espanhóis. Para vencer, mais do que apelar para a força, Nelson precisaria de uma estratégia surpreendente e de execução perfeita. Depois de cinco horas de batalha os britânicos dizimaram os inimigos e protegeram a Grã-Bretanha da invasão de Napoleão. Atingido por um atirador francês durante o confronto, Nelson morreria horas depois, quando a vitória de sua esquadra já estava assegurada.

Foi à Batalha de Trafalgar que Beto Sicupira recorreu durante uma reunião com o então secretário de Segurança do estado do Rio de Janeiro, José Beltrame, e a cúpula da secretaria. Para o empresário, se quisesse vencer a guerra contra o tráfico, fortemente armado, o governo precisaria surpreender e mudar o jogo – assim como fizera o almirante Nelson 200 anos antes. A grande questão era como conseguir isso.

A resposta começou a aparecer durante um encontro em que o economista carioca José Alexandre Scheinkman, professor da Universidade Columbia, apresentou à cúpula da Secretaria de Segurança um panorama do "modelo de negócios" de distribuição de drogas em alguns lugares do mundo. Scheinkman recorreu a uma analogia para explicar que, em metrópoles como Nova York, Paris e Londres, o traficante opera como um "dentista", um profissional liberal que serve diretamente à sua clientela. Há uma ligação pessoal entre consumidor e vendedor. No Rio, em contrapartida, a distribuição é feita num modelo de "supermercado". Quem quer comprar drogas sabe onde fica o ponto de venda e vai até lá, seja quem for o dono do lugar. Nesse caso, a ligação é com o local – um modelo que estimula a disputa territorial, em geral de forma violenta. A partir daí, concluiu-se que, se a polícia quisesse barrar o tráfico nos lugares em que ele operava, deveria ficar permanentemente nos morros – e não entrar e sair, como fazia até então. Nasciam, assim, as Unidades de Polícia Pacificadora (UPPs).

~

Segurança, educação, finanças. O espectro do trabalho de Falconi e seus consultores na esfera pública desde a década de 2000 é vasto. Pelas contas de Jorge Gerdau, nos últimos anos a Fundação Brava e o MBC investiram quase 70 milhões de reais em projetos de melhoria da eficiência da gestão pública, quase todos capitaneados por Falconi. O resultado foi um retorno de 14,5 bilhões de reais em economia para a máquina pública.

Não há como negar, porém, que muito mais poderia ter sido feito. Em diversas ocasiões o consultor chegou a ser chamado para conversar sobre outros potenciais projetos, que emperravam por questões muito mais políticas que técnicas. Durante o segundo governo de Dilma

Rousseff, por exemplo, Falconi foi convocado para um almoço em Brasília em que estavam presentes, além da própria ex-presidente, as então ministras Miriam Belchior (Planejamento) e Gleisi Hoffmann (Casa Civil). Na pauta do encontro, o assunto mais discutido foi a saúde.

Semanas depois, Falconi teve um encontro com membros do alto escalão do Ministério da Saúde para entender qual era o problema crucial da pasta. Ouviu que os hospitais públicos e os postos de saúde estavam em situação crítica. Casos de gente sendo atendida nos corredores ou esperando meses para fazer exames e procedimentos cirúrgicos eram corriqueiros. Depois da reunião, o consultor montou uma proposta:

A ideia era selecionar e treinar 300 funcionários do ministério com nível superior. Faríamos projetos-piloto em dois hospitais e dois postos de saúde, junto com os escolhidos, para eles aprenderem a aplicar e multiplicar o método. Como a situação era dramática e queríamos ajudar, fizemos a preço de custo, sem colocar margem nenhuma. A gente ia começar com o programa 5S, para organizar os hospitais e envolver todo mundo que trabalhava neles. Em paralelo, uma turma nossa iria entrar para analisar o tempo médio de permanência dos doentes no hospital. Tínhamos feito um levantamento prévio e identificado que o tempo médio era de 12 a 15 dias. No fim das contas, o ministério não topou nada. Foi uma pena. Na mesma época estávamos dando consultoria em dois hospitais de Maceió e, em apenas seis meses de trabalho, conseguimos reduzir o tempo médio de permanência pela metade. Bastou analisar todas as etapas do processo – do momento em que o paciente chega até sua alta –, identificar os gargalos e reorganizar o fluxo. Ou seja, conseguimos aumentar a capacidade de atendimento sem ter que fazer nenhum investimento.

Talvez o maior – e mais frustrante – limitador de Falconi no setor público seja garantir que, uma vez ajustados, os processos não voltem a se desorganizar a cada eleição. Um político eleito não tem necessariamente as mesmas prioridades do antecessor e pode abandonar até iniciativas que deram certo. Velhos "pecados" administrativos, em especial o inchaço da máquina estatal, correm o risco de ser reincorporados.

O outro componente que coloca em risco a eficiência da gestão pública é a corrupção. Por troca de governos ou desvios de recursos – ou por uma combinação dos fatores –, os resultados de vários projetos desenvolvidos pela consultoria se perderam com o tempo. Minas Gerais, que tinha contas equilibradas anos atrás, apresentava no início de 2017 uma dívida equivalente a 203% da receita corrente líquida, a terceira maior entre os estados brasileiros. O custo de manter servidores ativos e inativos soma 78% da receita. O Rio de Janeiro, assim como Minas e o Rio Grande do Sul, se encontra à beira da insolvência. O endividamento alcançou 232% da receita, e a necessidade imediata de caixa superou os 11 bilhões de reais no fim de 2016. A situação se agravou tanto que, diante da possibilidade de ter até os serviços públicos essenciais comprometidos, o governo declarou calamidade financeira em junho de 2016 (Minas faria o mesmo seis meses depois).

A violência voltou a dominar as ruas do Rio de Janeiro com uma força similar à da década passada. Em 2016, as mortes no estado foram de 37,6 por 100 mil habitantes – maior índice em sete anos. A eficiência das UPPs já é questionada e o mesmo acontece com os sistemas de bonificação para policiais (com o agravamento da condição financeira do estado, até maio de 2017 eles ainda não haviam recebido o 13º salário do ano anterior nem a remuneração variável por cumprimento de metas).

Os nomes do ex-governador do Rio de Janeiro Sérgio Cabral e do atual, Luiz Fernando Pezão (ex-vice-governador de Cabral), são frequentemente envolvidos nas denúncias da Lava Jato (operação conduzida pela Polícia Federal desde 2014) por suposto recebimento de propina. Até maio de 2017, Cabral havia sido denunciado sete vezes pelo Ministério Público Federal no âmbito das investigações – em novembro de 2016 foi preso acusado de corrupção na concessão de obras, como a reforma do estádio do Maracanã para a Copa de 2014. Pezão, além de aparecer nas investigações da Lava Jato, teve o mandato cassado em fevereiro de 2016 por abuso de poder econômico, sob acusação de que o governo do Rio concedeu benefícios financeiros a empresas em troca de doações para a campanha eleitoral do político (ele se manteve no cargo porque recorreu da decisão no Tribunal Superior Eleitoral – TSE).

Aécio Neves, que promoveu o choque de gestão em Minas Gerais na década de 2000, também é mencionado em diversas delações da Lava Jato – em meados de 2017, já era alvo de cinco inquéritos abertos pelo Supremo Tribunal Federal (STF) no âmbito da operação e de mais outros dois relacionados aos esquemas de Furnas e do Mensalão. Em maio de 2017, acabou afastado pelo STF do cargo de senador, que ocupava desde 2011, depois de ter sido flagrado em gravação feita pelo empresário Joesley Batista, um dos donos do frigorífico JBS, pedindo 2 milhões de reais (que supostamente seriam usados para bancar os custos de sua defesa nos processos de que é parte).

Infelizmente, os projetos levados adiante por Falconi e sua equipe anos atrás em estados como Minas Gerais e Rio de Janeiro hoje se assemelham mais a expedições quixotescas que a programas duradouros. Pouco – ou quase nada – do que foi conquistado se manteve de pé. Não há PDCA capaz de barrar a corrupção.

CAPÍTULO 8

A queda do gigante

O mundo de Walter Fontana Filho começou a ruir no dia 12 de setembro de 2008. No início da manhã daquela sexta-feira, Adriano Ferreira, então diretor financeiro da Sadia, irrompeu aflito na sala de Fontana Filho, à época presidente do conselho de administração da companhia. Encontros entre os dois eram comuns, já que Ferreira se reportava diretamente ao conselho, e não ao CEO da empresa, Gilberto Tomazoni. Aliás, a sala que Ferreira ocupava estava instalada no mesmo prédio da de Fontana Filho, e não no da diretoria executiva. Mas dessa vez o assunto não tinha nada de corriqueiro: nervoso, o diretor financeiro explicou ao chefe que havia uma semana a Sadia vinha perdendo dinheiro com sofisticados instrumentos financeiros conhecidos como derivativos (contratos com vencimento no futuro em que o ganho ou a perda depende do comportamento dos "ativos subjacentes" – como moedas ou commodities – aos quais estão atrelados). Nos sete dias anteriores, quase 500 milhões de reais haviam sido queimados do caixa para honrar essas transações.

Em vez de encerrar o expediente ao meio-dia, como fazia às sextas-feiras, Fontana Filho mergulhou numa reunião de emergência da qual participaram seu primo Eduardo D'Ávila, vice-presidente do conselho de administração; Cássio Casseb, ex-presidente do Banco do Brasil e membro do conselho; e Roberto Faldini, conselheiro e coordenador do comitê de auditoria da empresa. No total, a companhia tinha 5 bilhões de reais a descoberto em contratos de câmbio. A situação era exasperante.

O grupo ficou reunido até a noite e avançaria nos trabalhos durante todo o fim de semana. No sábado pela manhã, Fontana telefonou para os demais conselheiros. Era preciso alertá-los do desastre iminente. O conselho de administração da Sadia era, em tese, um exemplo de boa governança. Apesar de a companhia ser familiar, o órgão contava com vários membros independentes, entre os quais, além de Casseb e Faldini, a empresária Luiza Helena Trajano – sócia do Magazine Luiza – e Vicente Falconi.

Falconi estava em casa na manhã do sábado, 13, quando seu telefone tocou. Era Fontana Filho, ligando para avisar a um dos mais antigos conselheiros da companhia que o caso era complicado, ainda que não se conhecesse a fundo a extensão dos danos. Avisou também que uma reunião com todo o conselho da Sadia havia sido marcada para as 8 da manhã da segunda-feira, 15.

Foi só a partir desse encontro que Falconi e os demais conselheiros entenderiam a profundidade da situação. "As operações protegiam a empresa contra uma eventual queda do dólar, mas nos levavam para a forca quando o dólar aumentava", resume o consultor. A empresa subia o cadafalso rapidamente.

~

A economia mundial já dava sinais de que entrava numa espiral descendente havia alguns meses, mas o que aconteceu em 15 de setembro de 2008 pegou todos de surpresa. O centenário Lehman Brothers, um dos maiores bancos americanos, quebrou. Foi a senha para que a crise financeira derrubasse os mercados de todo o mundo. Em um único dia as empresas listadas na bolsa de Nova York perderam mais de 1 trilhão de dólares em valor de mercado. Uma espécie de apocalipse financeiro se instaurava no planeta.

Na mesma manhã em que o Lehman apagava seus 150 anos de história, Luiz Fernando Furlan, um dos acionistas da Sadia, pousava às 7 horas no aeroporto de Guarulhos. Chegava do Japão, onde fora participar de uma reunião do conselho da Panasonic, do qual era membro. Enquanto aguardava a bagagem na esteira, ligou o celular e ficou assustado com a quantidade de mensagens que apareceram na tela. Antes de conseguir lê-las, seu primo Walter Fontana Filho lhe telefonou:

– Olha, eu sei que você está chegando do Japão, mas tenho um assunto grave aqui e não posso falar por telefone. Você precisa vir para cá.

– Mas eu fiz um voo longo, com escala em Nova York. Estou cansado, vou para casa descansar.

– É realmente urgente. Se não fosse eu não estaria ligando a esta hora.

Furlan cedeu. Foi para casa, tomou um banho e antes das 11 horas já estava na sede da empresa, na Zona Oeste de São Paulo. Fontana Filho e Eduardo D'Ávila lhe fizeram um relato dos acontecimentos e comunicaram que haviam decidido afastar o diretor financeiro, Adriano Ferreira, e o gerente financeiro, Álvaro Ballejo Fiúza de Castro.

Os acionistas e o conselho – que passou a se reunir quase diariamente – tentavam manejar a crise, mas a cada dia o buraco se mostrava mais fundo. Em 25 de setembro, a Sadia anunciou que suas perdas com operações de derivativos haviam alcançado 760 milhões de reais. No dia seguinte suas ações derreteram quase 35%. A tensão de Fontana Filho era tamanha que, a partir desse episódio, ele desenvolveria uma doença dermatológica chamada pseudopelada de Brocq, que provoca queda de cabelo e atrofia do couro cabeludo e acabaria por deixá-lo totalmente calvo. Ele recorda a ansiedade do período:

Foram dias terríveis para mim e para o Eduardo. Nós ficamos completamente sem saber o que fazer. Aí eu fui procurar o Fábio Barbosa, então presidente do Santander, nosso principal banco na época. Cheguei lá às 8 da manhã e expliquei a situação. Disse que uns 100 ou 200 milhões de dólares resolveriam nosso problema. O Fábio respondeu que retornaria até o final da tarde. Nunca mais me ligou...

Aí fomos ao Bradesco, e o Márcio Cypriano, então presidente do banco, me perguntou: "Mas, Walter, vocês já foram procurar aquele banco que tem a sua folha de pagamento?" No fim o Bradesco acabou ajudando. Quem foi muito importante também foi o Cássio Casseb, que conseguiu uma linha de crédito de 300 milhões de reais com o Banco do Brasil.

A Sadia registrou perdas totais de quase 2,6 bilhões de reais com derivativos, mas não seria a única empresa brasileira afetada por operações financeiras do tipo. Segundo estimativas da época, mais de 200 companhias sofreram com a mudança de cenário, totalizando perdas de mais de 25 bilhões de reais. Entre as mais penalizadas estavam o Grupo Votorantim, que registrou perdas de 2,2 bilhões, e a fabricante de papel e celulose Aracruz, com 4,3 bilhões de reais (no ano seguinte, a Aracruz seria comprada pela VCP, formando a Fibria).

Furlan, que deixara a companhia havia alguns anos, foi chamado de volta. "No começo de outubro de 2008 fui procurado por um grupo importante de acionistas", diz ele, que seria reconduzido ao posto de presidente do conselho no lugar de Fontana Filho no dia 6 do mesmo mês. "Era uma situação surpreendente, porque 99,99% da empresa estava normal, com dezenas de milhares de funcionários trabalhando, entregando, vendendo, mas na sede as pessoas estavam aturdidas. Parecia que tinha caído o mundo."

O mundo de fato havia desmoronado. E, com ele, o patrimônio dos acionistas da Sadia. Em seis meses o valor de mercado da empresa encolheu quase dois terços. Entre os mais impactados, além das próprias famílias, estava Vicente Falconi, que à época detinha 1,7% das ações.

"Em menos de dois meses, assim como nós, ele perdeu momentaneamente quase 70% do patrimônio", revela Furlan.

~

No mesmo dia 15 de setembro em que Furlan foi surpreendido pela notícia do imbróglio da Sadia ao pousar em Guarulhos, o economista e apresentador do programa *Manhattan Connection*, Ricardo Amorim, embarcava em Nova York a caminho de São Paulo. Amorim retornaria ao Brasil depois de oito anos nos Estados Unidos para assumir o papel de CEO da Concórdia Asset Management, parte do braço financeiro da Sadia. As primeiras conversas entre ele e executivos da Concórdia haviam começado no final de 2007. Já fazia algum tempo que, assim como outras exportadoras, a Sadia vinha ampliando sua atuação na área financeira. A Concórdia parecia, então, uma ótima oportunidade para a carreira do economista, como ele conta:

O Brasil entrou num movimento em que o dólar saiu de quase 4 reais em 2002 para 1,65 em maio de 2008. Para uma empresa como a Sadia, que tinha grande parte dos resultados vindos da exportação, à medida que o dólar caía a margem operacional ficava cada vez mais apertada. Eles perceberam que uma forma de compensar a perda da margem operacional era com uma margem financeira. Por isso montaram as operações em que, basicamente, apostavam que, se o dólar continuasse a cair, ganhariam no financeiro aquilo que perderiam na margem operacional. Depois de algum tempo decidiram expandir, como havia feito o Grupo Votorantim ao criar um banco. Além de alavancar o próprio negócio, a instituição ganhava no financiamento de clientes e fornecedores. E, quando esses clientes e fornecedores tinham sobra de caixa, aplicavam na asset do próprio Votorantim. Como o negócio da Sadia era mais pulverizado que o do Votorantim, o poten-

cial era maior ainda. O business plan era tão agressivo que a ideia era começar com 500 milhões de reais e, em cinco anos, ter a maior asset fora dos bancos de varejo.

Para comandar o Banco Concórdia, do qual a Asset fazia parte, fora contratado o executivo João Ayres Rabello Filho, ex-CEO do Banco Fibra, a quem Amorim se reportaria oficialmente a partir de 1º de outubro. Porém, entre o desembarque do economista no Brasil e o início de seu expediente, a Sadia revelou as perdas com derivativos. Foi aí que o jogo mudou por completo, a começar pela injeção de capital prevista para o banco e a corretora: o dinheiro evaporou. Nem a Sadia tinha condições de investir em seu braço financeiro nem os investidores se arriscariam a colocar dinheiro ali. "O meu negócio de gestão de ativos dependia muito de credibilidade. E a credibilidade do grupo havia sido, no mínimo, muito arranhada", diz Amorim.

O incêndio na Sadia era tão grande e contaminava de tal forma o braço financeiro do grupo que passou a ser mais fácil encontrar Rabello e José Antonio Gragnani, *Chief Financial Officer* (CFO) do Concórdia, na sede da Sadia que na do banco, ajudando Furlan a encontrar um caminho para a companhia. Várias opções foram estudadas, mas a solução escolhida foi a venda da Sadia para a rival Perdigão, anunciada em maio de 2009, dando origem à Brasil Foods (BRF). Pelo acordo, os acionistas da Perdigão ficariam com 68% do capital total da nova empresa e os da Sadia teriam os outros 32%. Os principais acionistas seriam a Previ (fundo de pensão do Banco do Brasil), a Petros (fundo de pensão da Petrobras) e a Valia (fundo de pensão da Vale), que somavam quase 26% do capital da empresa ao fim de 2009. Nascia um gigante com 25 bilhões de reais em faturamento, 64 fábricas e 120 mil funcionários.

Ironicamente, menos de três anos antes a Sadia havia tentado adquirir a Perdigão numa desastrada oferta hostil. O que era para ter se concretizado como o negócio do ano de 2006 transformou-se numa batalha pública, uma vez que a maioria dos acionistas da Perdigão rejeitou a oferta. Para piorar o vexame, descobriu-se que o então diretor financeiro da Sadia, Luiz Gonzaga Murat Júnior, e um dos conselheiros, Romano Ancelmo Fontana Filho, haviam se valido de informações privilegiadas para comprar papéis das empresas. Ambos foram investigados e condenados pelos órgãos competentes, tanto no Brasil (pela Comissão de Valores Mobiliários – CVM) quanto nos Estados Unidos (pela Securities and Exchange Commission – SEC). Houve ainda condenação pela Justiça – a primeira no Brasil a mandar alguém para a prisão por uso de informações privilegiadas. O caso chegou ao STF, onde a sentença foi mantida.

~

As perdas bilionárias da Sadia – e sua consequente venda para a Perdigão – atingiram seu conselho de administração. Depois de investigar o caso e deliberar que houve falha nos controles de risco das operações de derivativos, a CVM decidiu, em dezembro de 2010, multar nove membros num total de 2,6 milhões de reais. Walter Fontana Filho e outros três conselheiros que faziam parte dos comitês de finanças ou auditoria foram multados em 400 mil reais cada um. Vicente Falconi, Luiza Helena Trajano e mais três membros tiveram de pagar metade do valor. Dos 14 investigados, quatro foram absolvidos: o ex-ministro Alcides Tápias e Marcelo Fontana, que haviam deixado o conselho em abril de 2008 (cinco meses antes do estouro do problema), e seus substitutos, Cássio Casseb e Roberto Faldini (que, segundo a avaliação da CVM, não teriam tido tempo de identificar o risco das operações). Apesar da penalidade imposta pela CVM, Falconi acredita que o conselho não tenha falhado. "O conselheiro parte do princípio de que a informação que recebeu é correta. Se isso não acontece, ele fica vendido", diz o Professor. "O setor financeiro da Sadia, sem o conhecimento do conselho, fez várias operações financeiras totalmente fora da sua alçada e acabou com a empresa." O décimo quarto condenado foi o que teve a penalidade mais pesada: o ex-diretor financeiro Adriano Ferreira. A autarquia determinou que o executivo fosse inabilitado de exercer o cargo em companhia aberta por três anos.

Com a queda da Sadia, o futuro de sua holding financeira também ficaria comprometido – ainda que a Concórdia tenha sido deixada de fora do acordo com a Perdigão. Em setembro de 2009, o controle da Concórdia foi vendido para o Banco Rendimento (a Asset definhou e apenas a corretora permaneceria com os antigos acionistas). Antes mesmo desse desfecho, porém, Ricardo Amorim já abandonara o barco. Em março de 2009 deixou o posto de CEO da Asset para abrir a própria consultoria. "Eu tive dois movimentos de crescimento exponencial de cabelos brancos na vida. Um foi quando me separei. O segundo foi nos seis meses que durou o processo na Concórdia", revela ele.

$\sim$

Pelo acordo de venda, na BRF caberiam aos acionistas oriundos da Sadia apenas três dos 11 assentos no conselho de administração. Para preenchê-los foram escolhidos Luiz Fernando Furlan, Walter Fontana Filho e Vicente Falconi. Furlan ocuparia ainda a copresidência do conselho ao lado de Nildemar Secches, executivo que havia ingressado na Perdigão em 1995 como CEO. Para comandar a nova empresa o eleito foi José Antonio Fay, também egresso da Perdigão.

O que Falconi encontrou na BRF era, em sua opinião, muito diferente do que vira na Sadia.

Frequentei algumas reuniões do conselho da BRF, senti o ambiente e pensei cá comigo que aquilo não iria dar certo e que eu estava perdendo meu tempo... A turma pensava pequeno. Nenhuma ambição e muito amadorismo. Eu ainda tentei, mas só levei coice. Aí pedi uma reunião com o Luiz [Fernando Furlan] e com o Walter [Fontana Filho], que eram meus amigos, e disse: "Pra mim não dá. Já foi um sofrimento terrível acompanhar o que aconteceu com a Sadia... Ainda tenho que enfrentar isso? Isso aqui para mim é a mesma coisa que andar para o próprio enterro, porque não vai para lugar nenhum. Eu estou fora."

A foto publicada no relatório anual de 2009 com o conselho de administração da nova companhia já não trazia a imagem de Falconi. O Professor só retornaria em 2014, a convite de Zeca Magalhães, sócio da empresa de investimentos Tarpon, uma das maiores acionistas da BRF.

A derrocada da Sadia havia deixado Fontana Filho calvo, Ricardo Amorim grisalho e Vicente Falconi com dores insuportáveis na coluna. Em certa ocasião, acompanhado da esposa, ele foi parar no Hospital Vera Cruz, em Belo Horizonte, por conta de uma crise que o obrigava a ficar imóvel. A dor era lancinante. "Tiveram de aplicar uma injeção de morfina. Aí eu fiquei bom na hora... A coluna é muito afetada por estresse", explica ele. Para completar, na época ele manifestou uma doença de pele chamada eczema numular, que provoca erupções em formato circular. "Tudo de fundo nervoso", completa.

No caso do Professor, ainda havia outro motivo forte para abalá-lo: na época, ele enfrentava uma disputa com seu sócio no INDG, José Godoy, que colocava em risco o futuro da consultoria. Eram muitos abacaxis ao mesmo tempo. Para resolver o grave impasse que se instalara em sua própria empresa, Falconi precisaria de muito mais que uma dose de morfina.

CAPÍTULO 9

Casa de ferreiro, espeto de pau

Durante décadas a parceria entre os professores Vicente Falconi e José Martins de Godoy foi profícua. A dupla formada na UFMG havia partido de uma fundação sem fins lucrativos ligada à universidade para criar o que, nos anos 2000, se tornaria uma das mais influentes consultorias de gestão do país, o INDG. Falconi era a face pública da firma. Seus livros eram lidos em empresas de todo o Brasil. Ele havia se aproximado de alguns dos mais poderosos empresários nacionais. Levava seu método de gestão para altos representantes da esfera pública.

A Godoy cabia tocar a administração da consultoria, que crescera de um diminuto grupo de professores para uma equipe com centenas de profissionais espalhados por vários estados brasileiros. Além de sócios, Falconi e Godoy haviam formado um vínculo de amizade. Nos primeiros trabalhos juntos, chegaram a levar as famílias a reboque. Enquanto os professores davam treinamentos na CSN, em Volta Redonda, e na Cosipa, em Cubatão, as esposas e os filhos se hospedavam em Angra dos Reis (no caso da CSN) ou em Santos (no da Cosipa) para aproveitar as férias.

Nos livros de Falconi era comum encontrar "confetes" de lado a lado. Em *Gerenciamento pelas diretrizes*, por exemplo, lançado em 1996,

Falconi faz um agradecimento especial a Godoy por acompanhá-lo desde "os primeiros dias do projeto Gestão pela Qualidade Total" e pela sua ajuda "em várias etapas da redação deste texto até a fase final de edição". No prefácio do mesmo livro, Godoy também se derrama em elogios ao parceiro: "Não conheço pessoa com maior capacidade de trabalho que o Prof. Falconi. É do meu conhecimento que, quando pessoas normais, como eu, estão acordando, ele já trabalhou quatro horas, não poupando feriados, dias santos e fins de semana."

Por muito tempo, essa pareceu ser uma combinação perfeita, até que as primeiras fissuras começaram a surgir. Como é comum nesses casos, a ruptura não se deu de uma hora para outra. As insatisfações de lado a lado foram se acumulando e começaram a ficar evidentes a partir de 2008. Segundo dezenas de pessoas que acompanharam o desgaste de perto, a raiz do problema foi a discordância sobre o modo como o INDG deveria ser gerido. Falconi, cada vez mais próximo da filosofia dos sócios da Ambev, queria uma consultoria que se apoiasse na meritocracia. Até então, os resultados não eram o principal fator de avaliação do desempenho dos consultores e não havia meta de rentabilidade dos projetos, apenas de receita. Godoy optava por uma gestão mais paternalista, que valorizava os laços pessoais. "Certa vez, num final de ano, estávamos discutindo o bônus dos consultores e o professor Godoy queria premiar um deles, que teve um dos piores desempenhos, com o argumento de que era uma pessoa que frequentava a igreja todo domingo", diz um ex-consultor que trabalhava próximo ao fundador.

Godoy tinha também o costume de recrutar familiares para trabalhos na consultoria. Sua mulher, Maria Helena, foi consultora da FDG e depois da União Consultoria, atuando no INDG como coordenadora da área de educação. O filho Rodrigo e o irmão Raimundo também ingressaram na União, prestando serviços ao INDG. Falconi não era entusiasta das contratações de familiares de Godoy, mas se abstinha de discutir o assunto com o sócio (vale dizer que uma de suas filhas, Juliana, também foi consultora do INDG nos anos 2000, assim como seu sobrinho Paulo Falconi).

Avesso a conflitos, Falconi simplesmente delegava a administração ao parceiro. Não seria exagero dizer que ele se preocupava mais com os clientes do que com a consultoria. "O professor Falconi não gostava, não gosta e nunca gostará de administrar o dia a dia", revela um ex-consultor que trabalhou a seu lado durante anos. Não deixa de ser uma ironia que o guru da gestão tenha negligenciado o comando da própria empresa.

∼

Formado em Engenharia Química pela UFMG, o mineiro Raimundo Godoy trabalhou durante quase 20 anos em empresas ligadas ao Grupo Fiat até ir para o INDG. Nascido em Açucena, pequena cidade perto de Governador Valadares, em 1953, Raimundo é um homem que demonstra orgulho de sua carreira. "A minha trajetória é ímpar", diz ele enquanto mostra as páginas de uma pasta com recortes de jornais e boletins em que é mencionado. "Sempre fui chefe... Virei presidente do clube pró-cliente da Fiat Automóveis, que congregava todos os fornecedores... Tudo aquilo que um executivo pode ganhar, eu ganhei", completa, acompanhado de dois advogados e do sobrinho Rodrigo, num escritório de advocacia em São Paulo. Raimundo é um sujeito de fala mansa e estilo bonachão. Às vezes prefere se esquivar das perguntas a respondê-las de forma objetiva. Só revelou o último cargo que ocupou no Grupo Fiat, por exemplo, depois de ser questionado três vezes consecutivas: "Eu era diretor-geral da Magneti Marelli Sistema de Exaustão no Brasil, na Argentina e na Venezuela." (Oficialmente, o Grupo Fiat informou que, quando se desligou, em abril de 1999, Raimundo era o gerente geral da planta da Magneti Marelli em Contagem.) Indagado sobre as razões que teriam levado seu irmão e o sócio a se afastarem após décadas de trabalho conjunto, ele diz que não tem "a menor ideia".

Desde que começou a trabalhar na consultoria, Raimundo abriu mais e mais espaço, tornando-se o líder com maior número de projetos (a distribuição dos projetos entre os consultores seniores cabia a seu irmão, o professor Godoy). Não demorou para que outros consultores se sentissem preteridos e começassem a questionar os critérios que levavam Raimundo a ganhar poder internamente. "Os melhores projetos eram sempre direcionados pelo professor Godoy para o irmão", diz um ex-consultor.

Para boa parte dos profissionais da consultoria havia outro agravante no que se referia à governança: embora Godoy e Falconi já tivessem mais de 65 anos, não existia um plano claro de sucessão à vista. É verdade que eles haviam assinado um acordo de acionistas em 2006 prevendo que, aos poucos, parte das ações fosse transferida para consultores seniores e demais funcionários – primeiro as preferenciais, sem direito a voto, depois as ordinárias, com direito a voto. O problema é que, como o INDG não tinha um processo aprofundado de avaliação de desempenho nem levava em conta critérios como a rentabilidade dos projetos tocados pelos consultores, a probabilidade de os sócios serem escolhidos de acordo com critérios subjetivos era grande. "Não víamos chance de crescer naquele ambiente cada vez mais dividido entre dois feudos: a turma do Raimundo e os outros", explica um consultor.

A tensão se refletia no relacionamento entre Godoy e Falconi, que se distanciava cada vez mais do dia a dia da firma. Em 2008, ele sequer compareceu ao tradicional evento de final de ano do INDG, que reuniu centenas de consultores e funcionários em um hotel em Atibaia, no interior paulista. Na ocasião, Godoy subiu ao palco e discorreu longamente, sempre recorrendo a imagens bíblicas. "Parte do discurso era sobre o amor e a importância de amparar o outro", diz um ex-consultor do INDG. "Era embaraçoso porque não tinha nada a ver com o ambiente de trabalho." Religioso, sempre que podia Godoy expressava sua fé em pleno ambiente profissional. Uma de suas marcas registradas eram os cartões de Natal que a empresa enviava a clientes e que traziam estampadas as imagens de igrejas católicas brasileiras.

No ano seguinte, durante reunião realizada em um hotel da rede Mercure em Belo Horizonte, um novo sinal deixou claro para os consultores que as divergências entre os sócios eram grandes. "Os dois chegaram à recepção na mesma hora, mas cada um entrou num elevador diferente", conta um ex-sócio da consultoria. "Foi aí que tive certeza de que a coisa não estava boa."

Não demorou para os concorrentes saberem dos desentendimentos entre os fundadores. Executivos da Accenture e da PwC chegaram a viajar para Belo Horizonte para discutir com Falconi uma possível compra da empresa. As conversas, porém, não avançaram.

Com o clima pesando, ainda em 2009 um grupo de quatro consultores seniores procurou Falconi para relatar sua insatisfação com o modo como a empresa estava sendo gerida. Marcio Roldão, Carlos Bicheiro, Ricardo Ribas e Luis Seixas marcaram um jantar com o Professor num restaurante no bairro da Lagoa, na Zona Sul do Rio de Janeiro. Roldão, que hoje integra alguns conselhos de administração, lembra como foi a conversa:

Foi a única vez que falamos abertamente com ele sobre isso. Dissemos que a gente não suportava mais a maneira como a "governança", vamos chamar assim, no INDG estava sendo conduzida. Reclamamos dessa questão da meritocracia e de que éramos "preteridos" das grandes decisões e dos grandes projetos. A gente não estava brigando por dinheiro. A gente estava brigando por espaço. Queríamos continuar lá e queríamos participar mais. Fazíamos parte do grupo de umas 20 pessoas que eram sócias no modelo antigo, só com ações preferenciais. Mas a gente tinha espírito de dono e queria desenvolver a empresa. Durante muito tempo a maneira como ela foi gerida havia funcionado, mas, do tamanho que o INDG estava, era preciso ficar mais profissional. Ele disse que concordava e que era para termos um pouco de paciência, porque estava sendo estudada a entrada de um executivo de mercado que iria começar a resolver essas questões de administração.

Seis meses depois, como não houvera qualquer mudança, o grupo decidiu deixar o INDG e fundar a própria consultoria, a Avention. Falconi perdia um time de profissionais talentosos, que faria falta na empresa. Ficava evidente que as divergências entre os fundadores colocavam em risco a continuidade do INDG. Foi quando o conselho de administração, então formado por Marcel Telles, Beto Sicupira, Jorge Gerdau e os fundadores, decidiu intervir para valer. Falconi se omitira ao deixar a situação chegar até aquele ponto. Agora seria preciso agir rápido e firme.

~

Gaúcho de Pelotas, Mateus Affonso Bandeira é o tipo de sujeito que pode ser descrito como alguém que tem "sangue nos olhos" e "faca nos dentes". Nascido em 1969, é o terceiro filho de uma família de cinco irmãos. De origem humilde, seu pai, Golberi, deu expediente como padeiro, motorista e cobrador de ônibus até prestar um concurso público para trabalhar na Secretaria de Finanças de Pelotas, onde se tornaria exator (cobrador de impostos). Depois, prestaria concurso na Secretaria Estadual da Fazenda. Aos 20 anos, Golberi se casou com Zélia, recepcionista de um consultório médico, que deixaria o emprego logo depois da união. Ajudado pelos amigos da prefeitura, ele mesmo construiu a casa de dois cômodos e um banheiro em que moraria com a mulher.

A família levava uma vida simples. Bandeira estudava em escola pública e seu programa de férias era acampar nas cercanias de uma barragem próxima à cidade. O pai colocava a barraca em cima de sua Brasília e amontoava as crianças dentro do carro. Aos 10 anos, o garoto começou a praticar natação. Levava o esporte a sério e chegou a participar de competições regionais. Na adolescência, conheceu as artes marciais e começou a praticar caratê *shotokan*. Determinado e competitivo, tornou-se faixa preta e por mais de duas décadas manteria o hábito de lutar no tatame.

O esporte era tão importante em sua vida que, quando prestou vestibular, escolheu os cursos de Educação Física e Informática. Passou em ambos, mas depois de um semestre decidiu se concentrar no de Tecnologia, que cursava à noite na Universidade de Pelotas, e trabalhar durante o dia. Seu primeiro emprego foi como estagiário no centro de processamento de dados do Banco do Brasil. Ao completar 18 anos, teve que deixar o banco para ingressar no Núcleo de Preparação de Oficiais da Reserva (NPOR). O ambiente militar em nada combinava com seu estilo questionador. "Aquilo era a antítese da meritocracia, a obediência cega à hierarquia, e eu não engolia", explica Bandeira. "Nos 10 meses em que fiquei lá, passei mais tempo preso do que solto. Até que fui expulso."

Bandeira só saiu de Pelotas depois de formado na faculdade. Em 2002 ocupava o posto de assistente executivo do presidente da Companhia Estadual de Energia Elétrica (CEEE), sediada em Porto Alegre, quando foi aceito pela prestigiada Universidade da Pensilvânia para cursar um MBA em sua escola de negócios, Wharton. O problema era como pagar o curso. Ele recorreu à Fundação Estudar, criada pelos empresários Jorge Paulo Lemann, Beto Sicupira e Marcel Telles para financiar estudantes brasileiros em instituições de ensino de primeira linha. O talento e o jeito um tanto agressivo de Bandeira, tão similares à cultura que o trio havia criado na Ambev, conquistaram os empresários. Bandeira ganhou uma bolsa para bancar o MBA.

Ao retornar ao Brasil, ele se concentrou em empregos no setor público. Atuou na Secretaria de Política Econômica do Ministério da Fazenda, foi assessor técnico no Senado Federal e exerceu os cargos de diretor do Tesouro na Secretaria de Fazenda e de secretário de Planejamento e Gestão, ambos do estado do Rio Grande do Sul, no governo de Yeda Crusius, do PSDB (a essa altura ele já havia se desfiliado do PT, do qual havia se aproximado aos 25 anos).

Na década de 1990, Bandeira conhecera o método de Falconi quando a consultoria foi contratada para dar um treinamento sobre qualidade total a um grupo de funcionários da Secretaria da Fazenda. Em 2006, quando trabalhou como assessor do então candidato ao governo de São Paulo Aloizio Mercadante (PT), Bandeira teve a oportunidade de almoçar com o Professor na sede da Sadia, onde ele era conselheiro. Bandeira queria ouvir de Falconi detalhes sobre suas experiências em projetos de ganho de eficiência na esfera pública. O consultor explicou tudo, mas avisou que não trabalhava para candidatos, só para governos. Como Mercadante perdeu a eleição para José Serra, o contato entre os dois esfriou.

Assim que foi nomeado subsecretário do Tesouro do Rio Grande do Sul, em janeiro de 2007, Bandeira decidiu buscar a ajuda do INDG. O rigoroso projeto de ajuste fiscal do estado exigiria o envolvimento de 54 consultores. Ele recorda como foi o trabalho:

Nas primeiras semanas, antes de o INDG chegar, nos dedicamos a fazer cortes no orçamento. O orçamento aprovado tinha um crescimento de despesa enorme, como acontece no governo federal e em todos os estados. O orçamento é aprovado sempre com base em receitas fictícias e despesas subestimadas. Eu pedi ajuda a algumas pessoas para a gente poder determinar as prioridades de cortes, discutir com a governadora e com cada um dos secretários e reduzir. A gente cortou 800 milhões em duas semanas de trabalho ininterrupto...

Depois, com o Falconi, passamos um pente-fino nas despesas já contratadas. Aí o trabalho dele foi fundamental. Não só para identificar onde havia oportunidades, mas para montar os planos de ação, cuidar da execução e fazer o acompanhamento mês a mês. Com isso, no primeiro ano conseguimos reduzir as despesas em 350 milhões de reais.

Graças a esse controle rigoroso, o governo gaúcho conseguiu equacionar um quadro de insolvência fiscal que se arrastava por quase quatro décadas. Os bons resultados fizeram com que Bandeira ganhasse projeção. Ele acabara de ocupar o posto de CEO do Banco do Estado do Rio Grande do Sul (Banrisul) quando, em maio de 2010, seu telefone tocou. Era Beto Sicupira. O empresário disse que o INDG estava buscando um presidente e que havia pensado no nome de Bandeira. "Acabei de chegar no banco, não posso fazer nada. Tenho um compromisso aqui", respondeu ele, explicando que havia passado por um processo de quatro meses até ser aprovado para o comando do banco estatal. "Posso conversar, mas não tenho como sair agora."

Dias depois, Bandeira viajou para São Paulo e se encontrou com Beto em seu escritório. O empresário explicou que os sócios do INDG estavam prestes a completar 70 anos e era preciso fazer uma transição no comando da consultoria. A empresa de *headhunting* Egon Zehnder chegara a ser contratada, mas nenhum dos candidatos selecionados havia agradado Godoy. Um novo encontro foi marcado, dessa vez com a participação de Falconi e Jorge Gerdau. Finalmente, numa terceira reunião, Bandeira foi apresentado a José Godoy.

Em qualquer empresa, a sucessão no comando é sempre um assunto de primeira importância. Seria de se imaginar que, numa consultoria de gestão, acostumada a orientar clientes a obter melhores resultados, essa fosse uma preocupação ainda mais premente. Foi por isso que, a princípio, Bandeira estranhou o fato de não haver nenhum candidato interno ao cargo de CEO. À medida que as conversas avançavam, porém, ficava nítido que o INDG nunca havia se preparado para a passagem de bastão.

Embora topasse conversar com os sócios e o conselho do INDG, Bandeira permanecia resoluto na decisão de terminar seu mandato no banco. Como o racha entre os sócios havia impedido que Godoy fosse reconduzido à presidência, a saída foi deixar a administração do INDG temporariamente a cargo de um comitê formado por dois veteranos na firma – Bruno Turra e Luiz Octávio Barros de Souza – e esperar que Bandeira marcasse a saída do banco.

Nesse intervalo, Jorge Gerdau e Beto Sicupira tiveram a ideia de contratar a subsidiária brasileira da McKinsey para fazer uma radiografia da situação do INDG e ajudar a encontrar novos caminhos para a empresa mineira. A ideia era ousada. Por que uma consultoria ajudaria uma concorrente a entrar nos eixos? Coube à dupla de empresários convencer os sócios da firma americana, um colosso com 12 mil consultores espalhados pelo mundo, a aceitar o projeto. Eles argumentaram que as empresas tinham atuação diferente – a McKinsey era mais estratégica, enquanto o INDG tinha um viés de execução. "Na McKinsey um projeto grande envolve oito pessoas, no INDG envolvia 40. São trabalhos diferentes", diz Beto. Funcionou.

À frente do projeto ficaram os então sócios Heinz-Peter Elstrodt e Marcos Cruz. Se por um lado o trabalho significou que a McKinsey passou a conhecer em detalhes o funcionamento do INDG, por outro a consultoria de Falconi pôde aprender como estava estruturada a firma mais bem-sucedida do mundo especialmente no que se referia ao modelo de governança e *partnership*.

~

Nenhuma consultoria alcançou tanto destaque no planeta quanto a que foi fundada em 1926 por James O. McKinsey, professor de contabilidade da Universidade de Chicago. Segundo Duff McDonald, autor do livro *Nos bastidores da McKinsey: a história e a influência da consultoria mais admirada do mundo*, a empresa "reorganizou a estrutura de poder da Casa Branca, orientou a Europa do pós-Guerra por meio de uma grande reorganização empresarial, ajudou a inventar o código de barras, revolucionou as escolas de negócios e até mesmo criou a ideia de orçamento como ferramenta administrativa". Mais de 70 CEOs de empresas listadas na Fortune 500 (atuais ou do passado) são ex-funcionários da consultoria. Entre os mais famosos estão nomes como Louis V. Gerstner, o ex-consultor que se tornou presidente da IBM e salvou a gigante de tecnologia da ruína na década de 1990; A. Tom Kearney, primeiro sócio da McKinsey, que anos depois fundaria a própria firma, a AT Kearney; e Tom Peters, ex-sócio que deixou a consultoria nos anos 1980 e se transformaria em um dos maiores gurus de gestão do mundo. Outro ex-funcionário que se tornou celebridade – este por razões menos edificantes – foi Jeff Skilling, o ex-todo-poderoso da Enron (a empresa de energia que sucumbiu em 2001 era cliente da McKinsey, pagando, na época, cerca de 10 milhões de dólares anuais à firma).

Não foi de uma hora para outra – nem sem tropeços – que a McKinsey atingiu o ápice. E era justamente a trilha percorrida pela multinacional que Beto e Gerdau queriam conhecer de perto ao recomendarem sua contratação pelo INDG. Como eles conseguem atrair e reter os melhores cérebros? Como transformaram a empresa numa sociedade de fato? Como se tornaram globais? Como transcenderam a imagem de seu fundador e garantiram a perpetuação da consultoria? A dupla acreditava que, se soubesse as respostas, poderia ajudar a reinventar o INDG.

Ninguém teve tanta importância na criação do modelo de atuação da McKinsey quanto o advogado Marvin Bower, que assumiu a liderança da empresa após a morte de seu fundador. Bower definiu até o vocabulário que deveria ser incorporado pelos consultores: eles tinham *clientes*, e não *fregueses*; a empresa não seguia *regras*, mas *valores*; a McKinsey não era uma *empresa*, mas *A firma*. Obcecado com a aparência, ele determinou um código de vestuário elegante e sóbrio composto por ternos escuros, chapéus e ligas para segurar as meias, que deveriam ser compridas, uma vez que Bower "abominava a visão de carne crua". Ele investiu na contratação de jovens formados nas melhores universidades americanas – nos anos 1950, a proporção de consultores com MBA saltou de 20% para 80% do quadro e a idade média do grupo caiu quase 10 anos. Na década seguinte, o retrato ficaria ainda mais reluzente: de cada cinco consultores, dois haviam frequentado as salas de aula de Harvard.

Bower também organizou um modelo de sociedade baseado em meritocracia, que ficaria conhecido internamente como "crescer ou partir". Ao completar 60 anos de idade, os sócios eram convidados a vender sua fatia na empresa para abrir espaço para o crescimento de jovens talentos. O próprio Bower acabaria por vender sua participação. Os cálculos para aferir o valor de sua fatia foram feitos não pelo valor de mercado da firma, mas pelo valor contábil (inferior), deixando claro que o mais importante era garantir a continuidade da McKinsey, e não o enriquecimento pessoal.

Se James McKinsey foi o homem que criou a consultoria, Bower foi quem forjou sua cultura.

Em 1º de dezembro de 2010, Mateus Bandeira desembarcou em Seattle para conhecer um *data center* da Microsoft. Ainda como CEO do Banrisul, ele queria ver de perto um fornecedor em potencial. Logo após sua chegada, soube que a esposa dera à luz os gêmeos Pedro e Mateus prematuramente. Desesperado, abandonou o trabalho e correu para o aeroporto. O retorno foi longo. Uma nevasca cancelou seu voo e o obrigou a fazer mais uma parada antes de embarcar para o Brasil. De quebra, suas malas foram extraviadas. Só foi pousar em Porto Alegre, onde morava a família, quase 30 horas depois de receber a notícia do nascimento dos bebês.

Como um de seus filhos corria risco de vida, Bandeira avisou a Beto Sicupira e Jorge Gerdau que não poderia participar de uma reunião agendada no INDG, em Belo Horizonte, para o dia 7 de dezembro. A essa altura, até José Godoy já havia aprovado o nome dele para a presidência da consultoria.

O encontro com o conselho do INDG foi, então, remarcado para o dia 17. Três dias depois, Bandeira seria anunciado como novo CEO da consultoria, assumindo o cargo em janeiro e deixando o comando do Banrisul.

~

Quando Bandeira assumiu o comando do INDG, tinha como missão transformar radicalmente a consultoria – e, em alguns aspectos, emular o exemplo da McKinsey. O objetivo do conselho de administração era tornar a empresa uma consultoria global, apoiada na meritocracia e em um modelo de *partnership* que garantisse sua perpetuação.

Assim que conheceu a sede do INDG, em Nova Lima, na Grande Belo Horizonte, o recém-chegado diz que tomou um choque:

Era um negócio horroroso. Um monte de salinhas espalhadas por vários andares de um edifício comercial. E, no meio daquele arremedo de escritórios, tinha uma sala luxuosa, do ex-presidente [Godoy]. Quando vi aquilo, pensei cá comigo: "Vamos derrubar essas paredes todas." Eu nunca me sentei naquela sala bacana de presidente. Dividia um espaço ao lado, com outros diretores. O Godoy, que não entendia a minha filosofia, um dia disse pro Falconi que eu era muito inteligente por não me sentar na sala do presidente e assim poder escutar o que os outros diretores falavam.

Bandeira acabaria por tomar uma decisão mais radical que derrubar paredes: transferiu a sede da empresa para São Paulo, coincidentemente no mesmo prédio onde viria a se instalar a McKinsey, na Vila Olímpia, Zona Sul da capital. O escritório de Minas seria transferido para outro prédio e ganharia a mesma identidade visual do de São Paulo, com espaços abertos para que todos trabalhassem no mesmo ambiente e apenas salas de reunião fechadas.

O executivo descobriria, porém, que havia problemas mais sérios a enfrentar. Um deles era a chamada União Consultoria, criada no passado para equacionar questões trabalhistas. Na época da FDG, os consultores eram pessoas jurídicas que prestavam serviços à instituição. Ao se tornar INDG, esses profissionais foram reunidos na União Consultoria – que faria um acordo operacional com a firma de Falconi e Godoy. Assim, quando vendia um projeto, o INDG precisava identificar quais consultores da União poderiam tocá-lo. Depois remunerava a União por dias de trabalho e a União dividia a receita entre os consultores.

Na época, a União somava quase 400 profissionais, e cabia a Bandeira reduzir esse número o mais rápido possível. Se boa parte dos consultores não fizesse parte, de fato, dos quadros, seria inviável criar uma nova cultura. Além disso, para implementar um modelo de *partnership* no qual os melhores profissionais pudessem ter ações da consultoria, era obrigatório levá-los para dentro do INDG. Graças ao esforço do novo CEO, muitos dos antigos integrantes da União toparam ser contratados pela consultoria e ao final de 2016 o número de integrantes da União havia sido reduzido a pouco mais de 20. O efeito colateral dessa adequação foi o aumento de custos, já que os funcionários registrados implicavam pagamento de salários, e não de dias trabalhados, além de encargos trabalhistas e benefícios como plano de saúde. Era um movimento caro, mas necessário para o tipo de consultoria que a firma queria se tornar.

Embora fosse uma firma que vendia serviços de gestão, o INDG não seguia vários dos mandamentos que pregava. "Era uma empresa de 300 milhões de reais de faturamento que não fazia nem orçamento anual", lembra Bandeira. Os funcionários e consultores não eram avaliados de modo objetivo pelo cumprimento das metas – já que sequer tinham metas individuais (entre os itens que constavam da avaliação de desempenho estavam "conhecimento do PDCA" e "foco no cliente", e as notas eram atribuídas subjetivamente pelo avaliador).

Nada, porém, incomodaria tanto Bandeira quanto a governança da consultoria. "Depois que entrei descobri que Godoy tinha pelo menos 10 parentes lá dentro, entre diretos e indiretos, e que aos poucos ele foi acomodando os maiores projetos na carteira do irmão", diz ele, referindo-se a Raimundo. De acordo com Bandeira, a lista completa de familiares incluía quatro sócios da União e seis funcionários ou estagiários da consultoria (esposa, irmãos, genro, cunhado da esposa, etc.).

Como, até então, o desempenho dos consultores era medido apenas por faturamento, e não por rentabilidade, para efeito de bônus o que importava era vender. E, na época, nenhum consultor vendia como Raimundo Godoy, que tinha sob sua responsabilidade uma equipe de mais de 200 pessoas. Raimundo era tão poderoso dentro da empresa que estabeleceu uma dinâmica própria – e incomum – de trabalho. Em seu segundo mês como CEO, Bandeira recebeu uma fatura a ser paga a Raimundo por fins de semana trabalhados. Ao analisar o caso em detalhes, o executivo identificou que, no ano anterior, Raimundo havia lançado quase 80 sábados e domingos na sua agenda, sem detalhar a atividade exercida. Limitava-se a dar explicações vagas, como a de que teria ido negociar com um cliente (na época, o valor recebido por profissionais como Raimundo beirava os 4 mil reais por dia). Bandeira determinou que os extras em sábados e domingos estavam proibidos – exceto com autorização antecipada da diretoria. E o valor que estava em aberto, a ser pago a Raimundo, seria submetido a uma auditoria.

Pouco tempo depois, Bandeira baixou outra norma impopular. Se eles estavam querendo construir de fato uma empresa meritocrática, a contratação de familiares estava vetada. Os que já estavam no INDG poderiam permanecer, porém mais nenhum parente seria recrutado. E, assim como acontece em companhias como a Ambev, se a partir daquele momento um casal de funcionários se formasse no INDG, um dos dois teria de deixar a firma. Eram restrições que acertavam em cheio o antigo estilo de liderança proposto por Godoy, que agora ocupava o cargo de presidente do conselho de administração. O sócio de Falconi não estava gostando nem um pouco das mudanças nem do jeito truculento de Bandeira.

A guerra estava declarada.

~

Às 10h38 do dia 18 de julho de 2011, o diretor de gente do INDG, Bruno Turra, recebeu um e-mail de José Godoy. Na mensagem, destacava-se o seguinte trecho:

Aguardo o e-mail com a programação da sala do Conselho de Administração durante toda esta semana, conforme já solicitado por meu procurador, objetivando realizar os agendamentos pertinentes, sobretudo pelo fato de que a citada sala, prioritariamente, deve atender aos membros do Conselho.

O tom pouco amistoso do fundador da consultoria se devia, sobretudo, ao fato de as relações entre ele e o novo CEO estarem indo de mal a pior. O mais recente motivo de atrito havia sido a determinação de Bandeira de transformar a sala que Godoy usava para dar expediente, conhecida internamente como "sala do conselho", em uma sala de reunião para os consultores. Godoy se sentia cada vez mais esvaziado.

Bruno Turra encaminhou o e-mail do presidente do conselho a Bandeira. A resposta do CEO a Godoy, enviada no dia seguinte, foi áspera:

[...] A sala conhecida como "sala do conselho" durante a gestão anterior foi, por minha determinação, transformada em mais uma sala de reunião, como todas as demais, para uso interno da empresa nas reuniões de trabalho do dia a dia da organização, otimizando assim o seu uso e maximizando o retorno sobre o capital empregado. Isso, obviamente, sem prejuízo de sua utilização para hospedar eventuais reuniões do conselho de administração, sempre que as mesmas forem convocadas para ocorrer na sede do INDG. [...]

Godoy enviou a tréplica na manhã de 22 de julho:

Na qualidade de Presidente do Conselho de Administração do Instituto de Desenvolvimento Gerencial S/A informo que a destinação da referida sala não deve ser alterada, não cabendo esta deliberação à Diretoria, sobretudo considerando a razoabilidade de se manter apenas um ambiente para o exercício deste órgão superior da Administração da Empresa. Sendo assim, aguardo sua imediata liberação, com disponibilidade ampla a partir da próxima segunda-feira, salientando que as atividades de rotina devem ser exercidas em outros ambientes institucionais, sendo que a Administração deve permanecer na sede e na referida sala, não se admitindo qualquer locação para esta finalidade. [...]

Às 19h50 do mesmo dia, Bandeira enviou nova resposta a Godoy. Dessa vez, o e-mail foi copiado para os demais membros do conselho – Vicente Falconi, Beto Sicupira, Marcel Telles e Edson de Godoy Bueno, fundador da Amil, que ingressara em 2011 –, além de um grupo de executivos:

Creio que V. Sa. está bastante equivocado no que concerne à administração de uma companhia. Primeiramente, o Conselho de Administração é um órgão colegiado. Isto, como de comezinha compreensão, significa que ele delibera pela vontade conjunta de seus membros, a partir do princípio majoritário. O Presidente desse órgão social não está autorizado a falar em nome e nem mesmo ad referendum *deste órgão. Sua competência só difere da dos demais membros do colégio porque o preside.*

Mas a missão que a lei e o estatuto confiaram ao Conselho não é a de se imiscuir no dia a dia da gestão, decidindo sobre o uso de salas e outras ninharias. Compete-lhe, na forma da lei, "fixar a orientação geral dos negócios da companhia", no que não se incluirá a destinação de salas de reunião. Mas ainda que se pudesse supor que decidir sobre salas, portarias, secretárias e quejandos possa ser contemplado no conceito de "orientação dos negócios da companhia", o que já seria um despropósito, o órgão colegiado presidido por V. Sa. ainda nada deliberou sobre uso de salas, lotação de recepcionistas ou outras bagatelas.

Quem gere a companhia, Senhor Presidente do Conselho, é a Diretoria. Assim, sua ordem será simplesmente ignorada, pela gritante falta de competência para dá-la, pouco importa o tom cesarista que a ela se deu. [...]

Não é difícil concluir que, quando um presidente executivo e um presidente de conselho investem tempo e energia para se digladiar por uma sala de reunião, é porque o problema é muito mais sério que esse. Entre Godoy e Bandeira as discussões se avolumavam por diferentes razões, e a sala de reunião era apenas a ponta do iceberg.

Um dos últimos desentendimentos entre os dois fora a extinção do chamado "plano de reclassificação dos consultores", espécie de plano de carreira para os profissionais da firma. Ao cumprirem alguns pré-requisitos, como tempo de casa, eles automaticamente eram promovidos. Como considerava o sistema burocrático e protocolar – em vez de avaliar de fato o desempenho dos consultores –, Bandeira o suspendeu.

Godoy expressou sua discordância de forma pública, em e-mail enviado a todos os funcionários da consultoria em 1º de julho. Nele, dizia que "se manifestara contrariamente ao tema, em uma reunião realizada no dia 25 de maio, que contou com a participação do professor Falconi". Na mesma mensagem, ele se dizia contrário às mudanças sugeridas na governança da empresa. "O período de 10 anos para ser sócio júnior é muito longo e 55 anos é muito cedo para começar a desativar consultores. Da mesma forma, não me agrada a ideia de que poucos serão os eleitos para serem sócios da Instituição. Pelo que me pareceu, a ideia é atuar segundo a política do *up or out*. Não compactuo com essas premissas", escreveu.

O temperamento em geral mercurial de Bandeira inflamou-se ainda mais depois da série de e-mails enviados por Godoy durante o mês de julho. Em retaliação, ele determinou que a conta de e-mail que o fundador mantinha no INDG fosse cancelada. Se Godoy quisesse criticar a administração, que o fizesse do e-mail pessoal. A convivência entre ambos se tornara simplesmente inviável. Godoy chegou a procurar Falconi para falar sobre seu descontentamento e buscar o apoio do sócio, mas o Professor, mantendo seu estilo habitual, permaneceu neutro. Como os demais membros do conselho apoiavam Bandeira, Godoy se viu isolado. Não havia muito mais a fazer, exceto negociar sua saída da sociedade.

O INDG contratou os escritórios BMA (que já atendia a consultoria) e Azevedo Sette. Godoy recrutou a banca Bernardes & Advogados Associados. No dia 13 de setembro de 2011 foi assinado o contrato de compra da fatia de Godoy pelo INDG. Segundo estimativas de pessoas próximas à empresa, o valor do acordo foi de 60 milhões de reais.

Não houve qualquer despedida entre Falconi e Godoy. Bandeira enviou uma mensagem aos funcionários do INDG explicando a reorganização societária. Para os mais próximos, referia-se à data como "Independence Day".

CAPÍTULO 10

"Independence Day":
o dia seguinte

Depois do afastamento de José Godoy, Mateus Bandeira ficou completamente à vontade para fazer as mudanças que julgava necessárias. Tinha o apoio do conselho. Tinha o apoio do agora único controlador do INDG. Podia, enfim, moldar a organização à sua maneira. Guardadas as devidas proporções, ele deveria fazer pela consultoria brasileira o que Marvin Bower fizera pela McKinsey décadas antes.

Uma das ambições da consultoria era ganhar corpo fora do país. Até então, os projetos internacionais em que o INDG se envolvera haviam surgido basicamente na esteira de clientes brasileiros, como a Ambev e a Gerdau. Para crescer lá fora, Bandeira acreditava que seria preciso incorporar ao time consultores mais jovens, com experiência internacional e que falassem inglês – algo raro entre a equipe.

Para ajudá-lo a preparar um novo modelo de recrutamento e seleção, Bandeira convidou Paulo Pagliaroni, ex-executivo da Ambev e da Vale. Pagliaroni já conhecia a consultoria: trabalhara no INDG de 2006 a 2008, mas deixara a empresa por divergir do antigo modelo de gestão de pessoas.

Bandeira recomendou que ele mergulhasse no sistema de recrutamento da Fundação Estudar, um funil ultrarrigoroso que começa com a inscrição de milhares de candidatos a bolsas de estudos e termina com a aprovação de pouquíssimos talentos. Desde o início de suas atividades, a Estudar já recebeu cerca de 260 mil candidatos para as quase 600 bolsas distribuídas.

Na consultoria, a etapa final do processo passou a incluir uma entrevista feita por uma banca examinadora, que contava com o próprio CEO. Depois que o sistema foi implementado, nenhum funcionário foi contratado sem ser sabatinado por Bandeira. Eis o que o executivo buscava nos jovens:

Na entrevista a gente procura ver se as pessoas têm aderência aos valores da empresa. Não quero mais saber se o cara tem capacidade analítica, de comunicação e de trabalhar em equipe, porque se ele não tivesse não teria chegado até ali. Consultoria é solução de problemas e esses atributos são fundamentais, mas eles já precisam ter sido checados nas etapas anteriores. Na entrevista eu quero saber o seguinte: se o cara tem dente, se o cara tem garra, se vai ficar numa boa viajando pra lá e pra cá, se topa ficar à disposição do cliente não importando onde ele está baseado... Aqui o consultor não faz uma recomendação para o cliente e vai embora. Tem que arregaçar as mangas e ajudar a implementar. É um trabalho diferente do da maioria das demais consultorias. Não é melhor nem pior, apenas diferente. O candidato precisa ter esse perfil e é isso que a gente procura entender na entrevista final.

Paralelamente, o CEO iniciou um programa de visitas a algumas das mais prestigiadas instituições de ensino dos Estados Unidos e da Europa. A ideia era apresentar o INDG e recrutar talentos em escolas como Harvard, Yale, Wharton e Insead, entre outras – prática comum entre as grandes consultorias internacionais, mas até então inédita na firma de Falconi. Quando começou a trabalhar no INDG, Bandeira era o único MBA do quadro de 1.200 funcionários e consultores. Ao final de 2016 já havia mais de 20 profissionais com o certificado.

Um deles é o americano J. Garriock Firth. Nascido no Texas em 1984, Firth é formado em Letras, mas estudou diversas disciplinas do curso de Economia na faculdade. Depois de graduado, trabalhou por cinco anos em uma consultoria em Washington. Em seguida, cursou MBA na London Business School. Fluente em português e espanhol, sonhava trabalhar no Brasil. Em agosto de 2013 ingressou na consultoria – era um dos dois primeiros americanos da casa, ao lado de Lee Catherine Booker, contratada na mesma época (ela deixaria a empresa menos de dois anos depois).

Firth se tornaria um ativo valioso em projetos internacionais, como o realizado para a rede varejista americana Sears. "Ter uma pessoa local faz muita diferença, não só no que se refere ao entendimento da cultura de negócios do país, mas até mesmo no domínio do idioma", comenta ele. "As empresas americanas ainda têm certa resistência a receber alguém que não tenha cem por cento de fluência na língua." Desde o início de 2016, Firth está baseado no escritório da consultoria em Miami.

~

O banqueiro Pedro Moreira Salles se aproximou de Vicente Falconi em meados da década de 2000, quando comandava o Unibanco, instituição financeira fundada na cidade mineira de Poços de Caldas, em 1924, por seu avô João Moreira Salles. Na época o Unibanco era um dos maiores bancos do país, mas Moreira Salles acreditava que a instituição poderia ser mais eficiente. Conversou com alguns amigos, como Marcel Telles, Jorge Gerdau e Fersen Lambranho, presidente do conselho de administração da GP Investiments. Como todos lhe recomendaram o consultor, ele decidiu chamá-lo para uma conversa.

*Eu queria fazer um "reolhar" sobre a estrutura de custo da compa-
nhia e queria ter uma abordagem diferente da que a gente já tinha
feito várias vezes. Fui atrás do Falconi e pedi: "Olha, queria fazer com o
INDG, desde que você seja, de fato, o gerente do projeto." Ele me perguntou qual era o objetivo e qual seria o meu envolvimento. Obviamente, o
meu envolvimento seria absoluto, porque isso é necessário para um negócio desses funcionar. Ele achou que era um bom desafio e topou. Eu
também precisava de alguém de fora, que não estivesse contaminado
pelas percepções internas. Então convidei o Marcos Lisboa [ex-presiden-
te do Instituto de Resseguros do Brasil, ex-secretário de Política Econômica do Ministério da Fazenda e atual presidente do Insper], que faria
parte do comitê executivo do banco e teria como uma das principais
tarefas cuidar desse programa.*

*O retorno do nosso patrimônio líquido estava uns 7 pontos abaixo do
Itaú e uns 5 abaixo do Bradesco. Queríamos mudar essa situação. Esse
projeto se chamava 2-10-20, porque o banco queria chegar a 2 bilhões
de reais de lucro líquido, 10 bilhões de patrimônio e 20% de retorno de
patrimônio. Para conseguir isso, tinha um pedaço relevante de controle
de custo, não dava para ser só na base da receita. E, como o PDCA per-
passa a organização como um todo, ele também ajudava a difundir por
todo o banco aquilo que estávamos buscando.*

*Além disso, a ideia de ter donos de linhas de despesa permitiu pegar
um bando de gente talentosa, mas não necessariamente com altas pa-
tentes, e dar a esse pessoal visibilidade e autonomia [no modelo proposto por Falconi, cada item da despesa, de gastos com material de
escritório a viagens, deve ser controlado por um funcionário escolhido
não pelo cargo ou área de atuação, mas pela competência em fazer o
controle e colocar em prática iniciativas para reduzir os gastos]. Isso é
mais difícil quando você opera em uma estrutura hierárquica muito
vertical. Então nos ajudou também a desenvolver uma nova cultura,
com maior sentido de propriedade, menos hierarquia, mais responsa-*

bilidade. No fim, todo mundo correu atrás de uma meta que parecia inalcançável, mas acabou não sendo.

Trimestralmente, Moreira Salles chamava toda a diretoria do banco para uma reunião no auditório. Ali, exibia as metas traçadas com a ajuda de Falconi, o que havia sido alcançado e onde estavam as "lacunas" (termo empregado pelo Professor para identificar os objetivos não atingidos). Como todos viam os resultados – e ninguém queria ficar mal em público –, os esforços para atingir as metas eram enormes.

Nos dois primeiros anos de funcionamento – de janeiro de 2007 a dezembro de 2008 –, o projeto de melhoria da eficiência gerou uma economia de 662 milhões de reais para o Unibanco. A redução de despesas incluiu itens tão distintos quanto gastos com aluguéis, telefonia e viagens.

Para Moreira Salles, dois pontos foram fundamentais para o sucesso do projeto. O primeiro foi o fato de a busca por melhoria ter sido acompanhada de uma profunda mudança na cultura da instituição. "Sem a cultura adequada, o PDCA encontra uma extraordinária resistência. Por isso você tem que ter as lideranças mais fortes da empresa insistindo o tempo todo... Tem que existir uma certa 'bateção' de bumbo para formar as dinâmicas corretas", explica o banqueiro. O segundo ponto foi o envolvimento de Falconi, que atuou como o responsável pelo projeto. "Na época, o INDG era um pouco menos organizado... Em casa de ferreiro, espeto de pau... Então foi muito importante ter o Falconi como meu único ponto de contato lá dentro."

Moreira Salles estava tão satisfeito com a participação de Falconi na instituição que, em 2008, decidiu convidá-lo a compor o conselho de administração. O consultor estava em um aeroporto quando o banqueiro lhe telefonou:

– Falconi, estou pensando em fazer uma reformulação aqui no conselho e queria te convidar a participar. Você consideraria isso? – perguntou Moreira Salles.

– Olha, Pedro, eu não sou um cara de ir para muitos conselhos. Estou no da Sadia e no da Ambev, mas, se você está me pedindo, pode contar comigo – respondeu o Professor.

Durante os meses em que atuou como conselheiro, Falconi compensou a falta de expertise em banco com um olhar analítico e questionador sobre os processos da instituição. Moreira Salles se lembra de dois episódios marcantes. Um deles aconteceu durante uma reunião de conselho. Falconi fez uma pergunta que, segundo o banqueiro, ninguém jamais havia feito, sobre a provisão para clientes duvidosos – uma enorme linha de despesa para qualquer banco. Ao ver os números, Falconi sugeriu uma análise detalhada. Inicialmente, o argumento foi de que a linha é administrada na hora em que o crédito é concedido (se a um bom ou um mau pagador) e depois disso não há mais nada a fazer. Falconi insistiu. "E ele tinha razão, porque quando você joga luz em cima sempre encontra alguma coisa, como mudar a forma de cobrança, por exemplo", diz o banqueiro. "Foi o que fizemos."

O outro episódio aconteceu durante uma visita dos conselheiros a uma gigantesca área de atendimento telefônico do banco. O responsável pelo setor fez uma apresentação detalhada do funcionamento da unidade e de sua grande eficiência. Todos estavam satisfeitos com os resultados exibidos. Só Falconi parecia incomodado. Até que se aproximou do executivo encarregado da área e falou: "Meu filho, eu não sei ajudar o que está indo bem. Só sei ajudar quem tem problema. Se você não me falar nenhum, não vou ter o que fazer." Era Falconi tentando mais uma vez ensinar algo que repete desde que começou a prestar consultoria: expor um problema é bom; ruim é tentar escondê-lo ou fazer vista grossa. Apenas quando um problema é identificado ele pode ser solucionado.

Em 3 de novembro de 2008 foi anunciada a fusão do Unibanco com o Itaú. O negócio criou o maior banco do hemisfério Sul e um dos 20 maiores do mundo, com ativos de cerca de 575 bilhões de reais. A instituição nascia com 4,6 mil agências e postos de atendimento, 108 mil funcionários em 12 países e quase 15 milhões de clientes.

A fusão provocou uma reorganização societária em que os acionistas do Unibanco receberam ações do Itaú – que passou a se chamar Itaú Unibanco. O controle da nova instituição foi compartilhado. Pedro Moreira Salles assumiu a presidência do conselho de administração, enquanto Roberto Setubal, do Itaú, ficou na linha de frente do dia a dia, como diretor-presidente (em maio de 2017, foi substituído por Candido Bracher, presidente do Itaú BBA, banco de investimentos do grupo).

Apesar de o controle ser compartilhado, na nova instituição houve uma redução no número de assentos de representantes dos Moreira Salles, refletindo o tamanho de cada um dos acionistas (na época o Itaú somava ativos totais próximos de 400 bilhões de reais, enquanto os do Unibanco totalizavam 177 bilhões de reais).

Dos 14 membros do conselho, nove eram indicados pelo Itaú e cinco pelo Unibanco. "Eu precisava levar gente muito identificada comigo e com o Unibanco para lá. Para as nossas tropas que estavam indo para a nova instituição, era um sinal de que não estavam sendo abandonadas", diz Moreira Salles. "Falconi me apoiou e entendeu perfeitamente por que não poderia ir conosco."

A saída de Falconi, porém, não os afastou por completo, tanto que dois anos depois o consultor telefonou para o banqueiro e lhe fez um convite. Será que Moreira Salles toparia integrar o conselho de administração do INDG? "Eu também não sou muito de ir para conselho, mas não esqueço o que você me disse tempos atrás, quando estava em um aeroporto e eu liguei pedindo a mesma coisa. Pode contar comigo", respondeu o banqueiro. Ao lado de Beto Sicupira, Marcel Telles, Edson Bueno e do próprio Falconi, Pedro Moreira Salles se tornou o quinto integrante do conselho de administração do INDG depois do "Independence Day".

O ingresso de Moreira Salles no conselho, no lugar de José Godoy, foi uma das mudanças mais visíveis na governança da companhia, porém não a mais profunda. Uma das atribuições de Bandeira era transformar a firma numa verdadeira *partnership*, em que os melhores consultores se tornassem sócios. Com a saída de Godoy, cem por cento das ações ordinárias ficaram nas mãos de Falconi. No plano desenhado por Bandeira, o fundador da empresa transferiria para os novos sócios a totalidade de suas ações paulatinamente, até fevereiro de 2019 – e, a partir daí, não teria mais qualquer vínculo acionário com a empresa que fundara.

Falconi assinou o acordo de acionistas que previa essa transformação em 2013 e no ano seguinte aconteceu a primeira eleição de sócios e sócios diretores, num total de 18 pessoas: 10 sócios, 5 sócios diretores, 2 diretores executivos e o sócio presidente (o próprio Bandeira). A partir de então, novas eleições escolheriam apenas sócios (sócios diretores seriam selecionados entre os sócios já existentes com melhor desempenho). A diferença na nomenclatura implicava também participações acionárias distintas: um sócio pode ter até 1,2% da empresa; sócios diretores, 3%; e o sócio presidente, 7,5%. Assim como acontece nas grandes consultorias internacionais, os sócios compram sua participação pelo valor de caixa da empresa. Quem se desligar da companhia precisa vender integralmente sua fatia. A previsão é de que até 2019 o quadro de sócios some 55 integrantes (até o início de 2017 eram 28).

O mesmo acordo de acionistas previa que cada um dos cinco membros do conselho tivesse o mesmo poder de voto (a partir de 2019, novos membros, eleitos pelos sócios, comporiam o conselho). Ou seja: embora fundador e controlador, Falconi teria apenas 20% do poder de voto no conselho e não participaria do dia a dia da gestão da empresa. Depois de 2019, deixaria até o conselho de administração. Ele diz que não se preocupa com o afastamento futuro:

Acredito que, mesmo quando deixar de ser sócio, eu possa ajudá-los tecnicamente em alguma coisa e também a entrar em algumas empresas. Mas também gosto muito de ficar em casa. Mexo no meu computador, assisto a filmes no History Channel, saio para caminhar de manhã com a minha mulher, enfim, uma rotina simples...

O que fizemos com essa mudança foi preservar a organização, porque eu tenho consciência da minha fragilidade. O Mateus ainda sugeriu que eu, como fundador, pudesse continuar com uma certa porcentagem até a morte. Eu falei que não, que eu deveria ter uma data de saída para dar o exemplo, para que todos tivessem uma data de saída... Porque a vida me ensinou o seguinte: é muito fácil você fazer acordo, mas vai chegando perto e você vai mudando de ideia...

A saída do professor José Godoy possibilitou outra mudança na empresa, esta de imagem. INDG estava longe de ser um nome atraente. Além disso, no mercado muita gente se referia à firma como "a consultoria do professor Falconi". Agora que havia apenas um sócio controlador, não seria um bom momento para mudar? Era o que Bandeira pensava quando marcou uma reunião com o publicitário Nizan Guanaes, fundador do grupo ABC (controlado desde 2015 pelo grupo americano Omnicom) e cliente da consultoria. Depois da conversa, Nizan destacou Romulo Pinheiro, então responsável pela Asia Branding, empresa do grupo, para cuidar do projeto.

Também mineiro, nascido em São Pedro dos Ferros, pequena cidade da Zona da Mata com cerca de 8 mil habitantes, Pinheiro rapidamente colocou em marcha um plano para uma possível mudança de nome. O primeiro passo foi fazer um diagnóstico da situação. Entre funcionários e membros do conselho do INDG, jornalistas e estudantes universitários, quase 50 pessoas foram entrevistadas pela Asia. O objetivo era identificar os valores transmitidos pela marca e descobrir se ela poderia ser rebatizada. "Até então a gestão de marca era algo muito intuitivo, e a empresa teve, ao longo de sua história, três nomes diferentes", explica Pinheiro. "Quando perguntávamos para gente de fora se elas conheciam o INDG, 80% respondiam que não. Só quando mencionávamos o professor Falconi é que entendiam do que se tratava."

Batizar a consultoria com o nome de seu fundador não era exatamente uma ideia original – foi o caminho tomado pela McKinsey décadas atrás, por exemplo. Mas a mudança seria uma troca de impacto. Primeiro, porque deixava claro que a empresa estava entrando em uma nova fase. Segundo, porque era uma oportunidade de reforçar o legado do Professor e preparar a consultoria para o futuro.

Difícil foi convencer Falconi de que a empresa deveria ganhar seu sobrenome. Seu receio era de que a personificação mais atrapalhasse do que ajudasse a firma. E, embora jamais tenha evitado exposição na imprensa (na sede da consultoria há diversas reproduções ampliadas de reportagens em que Falconi foi protagonista), ele achava que batizar a consultoria com seu nome poderia ser interpretado como sinal de arrogância. "Professor, aceita logo, não adianta lutar contra a corrente. Está claro que tem que ser assim", chegou a lhe dizer Nizan, em conversa por telefone. Foi só depois de ver o novo logotipo, que remete ao ciclo do PDCA, que ele concordou. Em novembro de 2012, no tradicional evento de fim de ano da consultoria – que agora se chama Movimento Falconi –, a nova marca foi oficialmente apresentada a todos. A partir daquele momento desaparecia o INDG e surgia a Falconi Consultores de Resultado.

Romulo Pinheiro, que com uma equipe de cinco pessoas da Asia Branding conduzira todo o trabalho, acabaria deixando o grupo ABC pouco tempo depois. Tirou um ano sabático em que se dedicou principalmente a ler – é dono de uma biblioteca com mais de 7 mil livros, entre os quais raridades, como a primeira edição de *Discurso do método*, de Descartes. Ao fim desse período, foi contratado pela Falconi. Um ano depois, em 2015, faria parte do segundo grupo de candidatos a sócio da consultoria, composto por oito integrantes, que foi sabatinado por uma banca formada por Mateus Bandeira, Vicente Falconi, Beto Sicupira e Marcel Telles. "Foi o momento mais tenso da minha carreira", revela Pinheiro. Cada um dos candidatos se reuniu por 20 minutos com a banca, numa sala na sede da 3G Capital, em São Paulo. Ao final, todos foram aprovados.

~

Com Mateus Bandeira no comando da consultoria, Falconi pôde voltar suas atenções a uma velha conhecida de quem andava um tanto distante: a BRF. Durante anos ele fora acionista e membro do conselho da Sadia. Depois da compra da empresa pela Perdigão, permaneceu no conselho mais algum tempo, depois se afastou.

Em 2012, porém, foi procurado por Zeca Magalhães, um dos fundadores e sócios da gestora de recursos Tarpon. A Sadia fora o primeiro investimento da empresa, em 2002. Em 2008, a Tarpon chegou a tentar, sem sucesso, comprar o controle da fabricante de alimentos. Com a formação da BRF, aumentou de forma progressiva sua participação na companhia, até garantir duas vagas no conselho de administração, em 2011. Uma delas foi ocupada pelo próprio Zeca. A outra, por Pedro Farias, também sócio da Tarpon. Os dois discordavam do estilo de gestão em curso. Na opinião deles era preciso mudar, e essa mudança deveria começar pelo topo. Especificamente por Nildemar Secches, que comandara o *turnaround* da Perdigão na década de 1990 e agora ocupava o posto de presidente do conselho da BRF.

Falconi havia deixado o conselho da BRF anos antes também por discordar da administração. No entanto, pela estreita ligação que mantivera com a Sadia durante muito tempo, acumulara um conhecimento profundo sobre o setor. A princípio, Zeca foi lhe pedir para ajudá-lo a convencer os demais acionistas da necessidade de uma virada. Como a BRF era uma empresa com capital pulverizado, sem dono, qualquer mudança precisaria ser articulada com um grupo de sócios de peso. Falconi, que ainda mantinha as ações da companhia, topou. Na opinião de Zeca, a participação do Professor no processo foi vital:

Quando a gente colocou para o Falconi a nossa visão do que poderia ser a BRF houve uma conexão importante. E ele nos ajudou muito no processo de convencimento da Previ [uma das maiores acionistas]. Chegou a ir comigo a uma reunião com o Marco Geovanne, então diretor de investimentos da Previ. Uma coisa é um fundo ouvir a opinião de um acionista como a Tarpon. Outra é ouvir de uma pessoa que tem uma paixão muito especial por aquele negócio e um conhecimento incomparável. O Falconi era um cara que falava com muita propriedade e tinha uma reputação a toda prova. Para a Previ nos apoiar, esse endosso foi muito importante.

Depois de convencer o maior fundo de pensão do país a respaldar seu plano, a Tarpon acelerou. Em abril de 2013, Secches foi substituído pelo empresário Abilio Diniz, que se tornava um investidor de peso da companhia, com uma fatia de 3,58%. À época, Abilio declarou que a empresa estava "torta" e colocou em ação um plano drástico. Em agosto do mesmo ano, o executivo Claudio Galeazzi, famoso reestruturador de empresas, assumiu a presidência da BRF no lugar de José Antonio Fay. Em um ano, 2 mil funcionários foram demitidos, incluindo 10 dos 12 vice-presidentes (dezenas de executivos acabaram nos quadros da concorrente JBS). A divisão de carne bovina foi vendida para o frigorífico Minerva. Meses depois, por 1,8 bilhão de reais, a Lactalis comprou a divisão de lácteos da BRF, dona das marcas Batavo e Elegê.

Essa nova fase da BRF contou também com a volta de Falconi ao conselho de administração, em 2014. Ele passou a integrar ainda o comitê de RH. "Uma vez o Zeca marcou uma reunião na Tarpon e o Falconi passou a manhã inteira no quadro-negro desenhando para a gente como os processos da companhia deveriam ser", lembra Abilio Diniz.

Por um tempo, as medidas tomadas pela nova gestão deram resultado. O lucro da BRF mais que triplicou, passando de 700 milhões de reais em 2012 para 2,2 bilhões de reais em 2014. No mesmo período, seu valor de mercado cresceu de 37 para 55 bilhões de reais. Em janeiro de 2015, Pedro Faria tornou-se CEO da empresa, substituindo Galeazzi, que, por discordar de algumas decisões que estavam sendo tomadas, antecipou em um ano sua saída da empresa, prevista em contrato apenas para dezembro de 2015.

Não demorou para que o período de euforia fosse abalado por uma dura realidade, até então inédita na história da companhia. Graças a uma série de medidas que se mostraram equivocadas, a BRF registrou em 2016 seu primeiro prejuízo: 400 milhões de reais, anunciado em 23 de fevereiro de 2017. Ainda que as receitas apresentassem crescimento, a margem Ebitda (que mede a capacidade de geração de caixa) caiu 7 pontos percentuais em apenas um ano. A dívida líquida mais que dobrou entre 2014 e 2016, alcançando 11 bilhões de reais. O preço das ações – afetadas também pela operação Carne Fraca, da Polícia Federal, que colocou na berlinda todo o setor – caiu de um pico de 70 reais em agosto de 2015 para 35,50 em março de 2017.

O revés exaltou os ânimos – tanto da administração da empresa quanto dos investidores – e uma nova onda de mudanças deve atingir a BRF para tentar recolocá-la em rota de crescimento. Algumas medidas, porém, foram rapidamente anunciadas. Pelo menos três executivos da alta administração foram demitidos ou pediram demissão. Além disso, na eleição do novo conselho de administração, em 26 de abril de 2017, cinco dos nove membros que até então compunham a mesa foram substituídos, entre os quais Vicente Falconi. "Pedi demissão no dia 4 de dezembro [de 2016] por discordar da maneira como a gestão estava sendo conduzida pelo Pedro Faria", conta o Professor, sem entrar em detalhes.

～

A saída do INDG também marcou um recomeço para José Godoy. O acordo firmado entre os ex-sócios previa que Godoy não poderia competir com a antiga casa por um período de três anos, mas não mencionava nada sobre seus familiares. Bastou Godoy deixar o INDG para que imediatamente surgisse o Instituto Aquila, sediado em Nova Lima, na Grande Belo Horizonte, para onde migraram mais de uma centena de consultores do INDG que seriam comandados por Raimundo Godoy (hoje a empresa soma quase 400 consultores e funcionários). A escolha do nome, segundo pessoas próximas a Falconi e Godoy, trazia a reboque uma provocação: Aquila remete a águia, e Falconi a falcão.

A criação da empresa foi tema de reportagem publicada pela revista *IstoÉ* de 13 de setembro de 2011, sob o título "Briga de gurus". Segundo a matéria, que até julho de 2017 estava disponível no site da consultoria, o Instituto Aquila foi fundado por Raimundo Godoy. Dezenas de pessoas (entre ex-funcionários e pessoas próximas) endossaram essa versão. Raimundo, porém, contou uma história diferente quando entrevistado para este livro:

– Várias pessoas que trabalhavam no INDG foram com vocês quando abriram o Aquila, certo?

– Não, quando *eles* abriram. Nós fomos convidados, né?

– Como é?

– Eles que abriram o Aquila.

– Eles quem?

– Esses consultores, nossos sócios. Eles abriram. Nós é que fomos convidados para ir para lá. Não fomos nós que abrimos.

– Nossa! Todo mundo diz o contrário.

– Não, não fomos nós dois, não – comenta Raimundo, referindo-se a ele e a Rodrigo Godoy, seu sobrinho, também presente à entrevista. – Nós dois somos sócios. Temos o máximo de 40% da sociedade e o mínimo de 30%. Mas nós fomos convidados por 150 consultores que abriram o Aquila. Não fomos nós que abrimos.

– Vocês são os sócios majoritários, mas não foram vocês que abriram?

– Nós não somos sócios majoritários, nós damos o equilíbrio societário. Nós fomos convidados para dar o equilíbrio societário.

– *Tem algum sócio com participação acionária maior que vocês?*

– Não, não tem.

– *Então vocês têm o controle acionário?*

– Não, eu tenho 17% e o Rodrigo tem 17%... Os outros são majoritários.

– *Os outros o quê? Os outros 150 consultores?*

– Exato. São majoritários. *Entendeu?*

– *Depois de vocês, que têm 17% cada um, quem é a pessoa com maior participação?*

– Aí tem a minha filha, que trabalha comigo e é a minha sucessora... – responde ele, referindo-se a Natália Godoy.

– *Que tem quanto?*

– Ela tem 0,5%.

– *Então vocês dois são de longe os maiores acionistas individuais...*

– Isso não é relevante. O relevante é o seguinte: nós não criamos o Aquila. Esse é o primeiro ponto. Foram os consultores que se uniram e criaram o Aquila. E eles, então, o que fizeram? "Nós precisamos de uma liderança para tocar o projeto." Então, me convidaram. Eu peguei e convidei o Rodrigo, entendeu?

– *E quem fez o investimento para abrir a empresa?*

– A empresa... Lançamos primeiro... Eles lançaram um milhão de reais, em cotas de um real... Aí, quando eu fui convidado, eles falaram assim: "Você não precisa colocar dinheiro." Eu falei: "Não, já que é para começar, vamos começar bem."

– *Nunca vi alguém ser convidado para ter 17% de um negócio e não ter que botar dinheiro...*

– Eles queriam que eu entrasse com o conhecimento. Eu falei: "Não, aqui nós temos que entrar todos com o mesmo nível. Já que é para colocar, vou colocar o meu também; já que é para fazer, vou fazer de forma correta. Agora, tem duas condições que eu coloco. A primeira condição é a seguinte: se vocês estão querendo montar um negócio para combater a antiga casa, não vai dar certo. E, se vocês quiserem montar o negócio para ganhar dinheiro, também não vai dar certo. Então, tem que ter alguma coisa que justifique estarmos juntos." Foi quando eles criaram o "afeto societário".

– *O que é "afeto societário"?*

– O prazer de estarmos juntos, o prazer de ser sócio.

– *Mas isso é uma carta?*

– É uma carta, é a nossa bíblia...

– *Mas sobre o que é o "afeto societário"?*

– O prazer de estarmos juntos, o respeito de estarmos juntos, o respeito de respeitar o sócio [sic], a qualidade do nosso trabalho. Nós temos que colocar os interesses do cliente acima dos nossos. Nós temos que aceitar o padrão do cliente, e não o nosso. Então, tenho que me adequar ao orçamento do cliente. Se o cliente pode me pagar meu honorário, bem, se não pode, tenho que trabalhar igual, do mesmo jeito...

De acordo com Raimundo, baseado nessa pouco ortodoxa fórmula do "afeto societário" o Aquila faturou 90 milhões de reais em 2014 e registrou lucro de 1 milhão.

Na época da cisão, o INDG somava 337 clientes ativos. Destes, 45 eram de responsabilidade de Raimundo, 13 dos quais migrariam para o Aquila. A disputa pelos clientes foi acirrada. Bandeira telefonou pessoalmente para dezenas deles a fim de informar sobre o rompimento e avalizar que isso não afetaria a prestação de serviço. Do lado do Aquila, o esforço não foi menor. Um dos clientes abordados por ambos os lados foi Modesto Araújo, presidente da mineira Drogarias Araújo, quinta maior rede varejista do setor no país, com 160 lojas.

Fundada em 1906 pelo avô de Modesto, a Drogarias Araújo tornara-se cliente do INDG em 2003. Modesto observava a distância o trabalho de Vicente Falconi quando, durante um jantar na casa de Salim Mattar, fundador da rede de locação de veículos Localiza, teve oportunidade de conversar com outro empresário sobre o INDG. Modesto disse a esse empreendedor que "namorava" a consultoria havia meses. Seu interlocutor foi categórico: "Pois pare de namorar e se case logo!" O entusiasta era Jorge Gerdau.

Falconi e seus consultores foram contratados, mergulharam na empresa e impuseram seu método. Um dos primeiros passos foi colocar em prática um sistema de gerenciamento de receitas. Em seguida, surgiram projetos para gerenciamento de despesas e desdobramento de metas para toda a companhia. Hoje, há em toda a empresa 1.800 metas em vigor, mas cada um dos 7 mil funcionários não tem mais do que cinco objetivos. Modesto seguiu fielmente a recomendação do Professor, que afirma que esse é o número máximo de metas que um funcionário pode ter sem perder o foco.

Modesto participava de todas as reuniões quinzenais de acompanhamento dos projetos – hábito que só abandonou depois de cinco anos de trabalho da consultoria. Ele recorda que nesses primeiros encontros era comum escutar desculpas um tanto estapafúrdias sobre metas não alcançadas. Entre elas uma entrou para o anedotário da companhia. Certa ocasião, o responsável pela área de *pet shop* não havia batido a meta (a Drogarias Araújo opera no modelo de *drugstore* americana, vendendo muitos itens além de medicamentos e produtos de higiene e beleza). Para se justificar, o executivo explicou que o período havia coincidido com a época de acasalamento das tartarugas, quando elas consomem menos ração, e por isso as vendas de produtos para animais haviam sido menores que o esperado. O fato de a ração de tartaruga corresponder a uma fração irrisória da receita total do departamento obviamente foi omitido pelo executivo. "Claro que o problema não foi esse, né?", lembra Modesto, rindo.

O empresário afirma que o trabalho de Falconi mudou radicalmente a empresa. "Somos a primeira do Brasil em faturamento por loja e isso é graças à consultoria", diz. "Quando eles entraram, nossa margem Ebitda era de menos de 2%; hoje é de 12%." O mérito é tanto da consultoria quanto do cliente, que cumpriu à risca as orientações, com disciplina e participação da alta liderança no processo – se esses preceitos não forem seguidos, o modelo baseado no PDCA simplesmente não funciona, como já aconteceu com alguns clientes da consultoria ao longo dos anos.

Por causa do longo relacionamento e do tamanho da empresa, foi natural que, na cisão, tanto a Falconi quanto o Aquila tentassem seduzir Modesto. Com seu jeitão simples e divertido, ele conta como aconteceu:

Realmente todo mundo me queria, né? Mas o meu amor pelo Falconi era muito maior...

A Falconi de hoje é muito diferente do INDG do passado. Está mais profissionalizada, mas também mais fria. A presença dele [Falconi] era muito maior. Ele era aquela galinha choca que vivia com todos os consultores debaixo das asas e hoje não consegue fazer mais isso... Antes, ele vinha aqui quase todo mês. Agora aparece de três em três. Conta experiências, novidades, e isso gera pra gente uma porção de novas ideias. Faz com que essa velhinha de 110 anos, que é a nossa empresa, se torne cada vez mais adolescente.

Não foi apenas Modesto Araújo que sentiu o impacto das mudanças a que a consultoria fora submetida sob o comando de Mateus Bandeira. O tempo mostraria que, dentro da firma, o estilo do executivo e algumas de suas medidas causariam desconforto a funcionários e consultores. Era questão de tempo até que um novo conflito de governança eclodisse.

CAPÍTULO 11

Um pé lá fora

Em 18 de fevereiro de 2015, Vicente Falconi participou de uma palestra nos Estados Unidos com centenas de funcionários da Heinz, a gigante de alimentos adquirida pela 3G Capital e pela Berkshire Hathaway, do megainvestidor americano Warren Buffett, dois anos antes, por 28 bilhões de dólares. Durante quase 30 minutos, o Professor falou sobre os principais fundamentos do seu sistema de gestão. Explicou a necessidade de criar planos de ação e executá-los com rigor. Ressaltou a importância de desmembrar metas para todos os níveis hierárquicos de uma empresa. Ensinou que os líderes precisam levar conhecimento constante para sua equipe. Reforçou que, sem disciplina e acompanhamento metódico da evolução dos projetos, não se chega a lugar algum. "Nós, seres humanos, somos procrastinadores", vaticinou. Ao final, foi aplaudido entusiasticamente.

A presença de Falconi num evento de uma companhia americana era um dos sinais de um caminho que a consultoria começava a perseguir com mais afinco: a internacionalização de suas operações. Uma das metas iniciais de Mateus Bandeira era transformá-la na primeira firma brasileira a figurar entre as 10 maiores do mundo, um Olimpo hoje ocupado por nomes como McKinsey, Boston Consulting Group (BCG) e Bain Company. O objetivo era tão distante (a McKinsey, por exemplo, registrou receitas globais de 8,4 bilhões de dólares em 2015, contra 294 milhões de reais da Falconi) que tempos depois o "sonho" encolheu. O objetivo agora era se tornar a mais importante da América Latina.

Em 2011, apenas 6% das receitas da consultoria tiveram origem em projetos no exterior, praticamente todos eles em empresas brasileiras com atuação internacional, como a Gerdau. Ou, como no caso da Heinz (que viria a fazer uma fusão com a Kraft em 2015), companhias comandadas por brasileiros que conheceram o método de Falconi quando trabalharam no Brasil. Gente que ficou tão satisfeita com o resultado que teve por aqui que decidiu "exportar" o sistema.

O carioca Alexandre Behring, atual CEO da 3G Capital e também presidente do conselho da Kraft Heinz, foi apresentado ao Professor no final da década de 1990. Behring era, então, um dos sócios da GP Investments, empresa de *private equity* fundada por Beto, Marcel e Lemann (eles deixaram a sociedade no início dos anos 2000). A GP acabara de arrematar a Ferrovia Sul Atlântico num leilão de privatização e Behring fora despachado para comandá-la. Com 31 anos, ele não tinha nenhuma experiência operacional em companhias de grande porte, muito menos no setor logístico. Beto Sicupira lhe deu um conselho: "Liga para o Falconi."

Pedir ajuda a um professor não era bem o que Behring tinha em mente. Ele receava cair num arcabouço teórico, quando na verdade o que precisava era organizar a empresa, que ganhara o nome de América Latina Logística (ALL). Mas seguiu a recomendação de Beto e não se arrependeu.

A primeira coisa que ficou muito evidente foi que aquele conhecimento não tinha nada de acadêmico, era totalmente prático, aplicável em quase tudo. O Falconi começou a nos ajudar a treinar as pessoas em coisas básicas que não existiam, como gerenciamento de rotina. Cada pátio ferroviário, por exemplo, tinha seu jeito de operar. E quando íamos visitá-los não conseguíamos ver nada com clareza. Tinha um bando de informação, mas não dava para concluir nada.

Aí padronizamos e passamos a medir tudo: o consumo de combustível de cada viagem, de cada maquinista e de cada grupo de maquinistas, a segurança de cada equipe. Em cima disso dava para gerar indicadores e estabelecer metas muito claras, com planos de ação bastante específicos.

Com o tempo a linguagem do Falconi virou a linguagem da ALL. Todo mundo trabalhando com os mesmos parâmetros e medindo os resultados da sua rotina. A partir daí foi possível estabelecer metas, plano de ação, rodar o PDCA, tudo de uma forma simples. Chegou ao ponto em que eu não assistia a nenhuma apresentação que não fosse seguindo os princípios da metodologia. Duas ou três vezes, quando fizeram apresentações fora desse formato, eu me levantei e fui embora.

O legal do sistema é que ele é atemporal: você traça um plano objetivo, executa, avalia, compara, volta, ajusta o plano. O que vai acontecendo com o tempo é que você vai acrescentando a tecnologia a esse processo e ajustando as metas. Isso aí é um pouquinho mais "artístico" e requer conhecimento do negócio. Porque, se você botar uma meta muito frouxa, não vai ter graça e não vai esticar as pessoas. Mas, se puser uma meta maluca, vai ser desmotivante.

Behring deixou o comando da ALL em 2004 para participar da 3G, sediada em Nova York. Foi substituído pelo carioca Bernardo Hees, que entrara na ALL em 1998 como analista de logística, recém-chegado de um MBA na Warwick Business School, da Inglaterra. Na época, dois grandes projetos que vinham sendo implementados resultaram em um aprendizado que Hees levaria por toda a carreira.

Um deles era o Orçamento Base Zero (OBZ), programa que prevê a revisão anual integral de todas as despesas da companhia e que se tornou um dos grandes sucessos de eficiência da Brahma (e depois da Ambev). O OBZ nasceu na década de 1960, concebido pelo americano Peter Pyhrr, gerente da empresa de equipamentos Texas Instruments. Até então, as empresas costumavam fazer seus planos com base nos números do ano anterior. Bastava acrescentar um determinado percentual a cada item e a conta estava feita. Pyhrr subverteu essa ordem, preparando seus orçamentos sem levar em conta os valores anteriores. Na época, seu modelo se tornou tema de um badalado artigo na revista *Harvard Business Review* e foi adotado por um sem-número de empresas e governos – o primeiro político a incorporá-lo foi Jimmy Carter, quando era governador do estado da Geórgia.

O segundo projeto em curso na ALL era o de gerenciamento pelas diretrizes, baseado no livro de Vicente Falconi sobre o assunto (Behring havia distribuído cópias de presente para boa parte dos funcionários). Hees se lembra de ouvir Falconi falar pela primeira vez durante um evento da empresa chamado Reunião de Desejo, que marcava o lançamento dos planos para o ano seguinte. O encontro aconteceu num hotel em Paranaguá, no Paraná:

Aquilo foi muito impactante para mim. Ele começou a explicar meta – não apenas a meta em si, mas tudo que está por trás. A conexão de um bom plano de ação, a conexão de quem bate meta e de quem não bate. A conexão entre meritocracia e meta. Foi ali, naquela conversa simples, que eu percebi a força daquilo tudo. E a gente não teria conseguido alcançar os níveis operacionais que a ALL alcançou se não fosse esse método. O Falconi falava assim: "O mundo é que nem um ônibus. De um lado senta quem bate meta e do outro quem não bate. Você tem que entrar no ônibus e escolher: de que lado vai se sentar?" Ele falou isso em 1999 e eu uso até hoje.

Bernardo Hees usa a mesma analogia há anos, mas o alcance da lição aprendida com Falconi aumentou enormemente. Depois de comandar a ALL, Hees assumiu o posto de CEO do Burger King, comprado pela 3G por 4 bilhões de dólares em 2010. Quando o fundo de investimentos arrematou a Heinz, em 2013, o carioca foi o escolhido para ficar à frente da empresa. Dois anos depois, tornou-se CEO da Kraft Heinz, um colosso com 41 mil funcionários e faturamento de 26,5 bilhões de dólares em 2016. Desde que conheceu Falconi, Hees contratou sua consultoria em todas as empresas que comandou.

Na Heinz, por exemplo, o primeiro projeto foi estabelecer a chamada "árvore de indicadores", espécie de mapa que correlaciona todos os indicadores da empresa e serve como base para todo o processo de desdobramento de metas. Quando Hees chegou à companhia, todas as metas individuais eram avaliadas de forma subjetiva; hoje, cerca de 60% dos quase 11 mil funcionários administrativos já têm suas metas individuais estabelecidas e avaliadas objetivamente.

Em seguida, a consultoria ajudou a implementar um sistema de rotina na área de vendas, detalhando todos os passos a serem cumpridos pelos vendedores e os protocolos para as reuniões de performance da área (diárias, semanais, mensais, trimestrais). A exemplo do que fizera décadas antes na antiga Brahma, a consultoria ajudou a definir toda a rotina da área de vendas. "A empresa seguia um modelo baseado em relacionamento com o varejo, mas hoje a área de vendas atua de acordo com um modelo muito mais baseado em dados e fatos", explica Melissa Werneck, vice-presidente global de RH, performance e TI da Kraft Heinz.

Melissa é uma veterana no método criado por Falconi. Mineira, cursou Engenharia Química na UFMG. Sua sala de aula ficava no oitavo andar do edifício, a poucos passos da sede da FCO. Certo dia, ela e dois colegas bateram à porta da fundação e pediram para participar, de graça, de um dos cursos oferecidos, pois, como estudantes, não tinham condições de bancar o treinamento. Foram encaminhados a Falconi. Para surpresa dos universitários, o Professor topou encaixá-

-los numa das turmas. "Foram cinco sábados de aula que mudaram completamente meu jeito de pensar", conta Melissa.

Depois da graduação, ela cursou um mestrado no Instituto de Pós-Graduação e Pesquisa em Administração da Universidade Federal do Rio de Janeiro (Coppead), a escola de negócios da UFRJ. Ao concluí-lo foi convidada para trabalhar na recém-adquirida ALL, onde retomaria o contato com Falconi. Tornou-se defensora ferrenha do método e fez o treinamento de Green Belt. Muito do que Melissa levou para a Kraft Heinz nasceu da experiência gerencial que desenvolvera ao longo dos quase 12 anos na empresa de logística. Um dos aprendizados importantes foi exatamente o que *não* repetir na empresa de alimentos.

Seguimos o mesmo modelo mental da ALL, mas simplificamos algumas coisas. No passado ficamos tão empolgados com o método que acabamos complicando um pouco. Por exemplo, percebemos que não era necessário treinar todo o time gerencial como Green Belt. Às vezes você precisa só de um cara que vá resolver os problemas básicos, e não de tanta gente com esse treinamento mais aprofundado.

Criamos aqui um campeonato mundial entre as fábricas, e para avaliá-las temos apenas cinco indicadores: segurança, qualidade, custo, rendimento e aderência às rotinas. Na ALL o campeonato tinha ficado tão complexo e dividido por áreas que no final se tornou um negócio com 100 indicadores.

Estamos agora revisando o campeonato de vendas e ele vai seguir o mesmo conceito: as metas individuais para as lideranças terão no máximo oito indicadores. Na ALL chegamos a somar 16 [embora todos tivessem no máximo cinco metas, em cada uma delas havia vários indicadores].

Quando você simplifica e deixa tudo às claras, a sensação é libertadora. Você escuta as pessoas falando: "Nossa, que maravilha! Agora eu sei o que tenho que fazer, sei o que tenho que entregar, sei quais são as minhas prioridades e não tenho que ficar elucubrando sobre o que colocar no PowerPoint para a minha reunião com o CEO. É só eu mostrar como estou em relação às metas...

Esse modelo mental foi tão incorporado que, quando você vai visitar uma fábrica, por exemplo, qual a primeira coisa que o gerente mostra? As metas dele e como está em relação a elas. Quando você vai visitar um escritório de vendas, qual é a primeira coisa que o cara faz? Abre as metas dele e conta os resultados. É nosso jeito de conversar aqui, senão vira papo de bar.

A maior parte dos projetos da Falconi no exterior está sob a responsabilidade de Viviane Isabela de Oliveira Martins. Mineira de Contagem, na Grande Belo Horizonte, Viviane formou-se em Engenharia Mecânica no Centro Federal de Educação Tecnológica de Minas Gerais (Cefet-MG), em 2000. Aluna destacada, ganhou a medalha de ouro em sua turma em reconhecimento ao seu desempenho. Começou a trabalhar no INDG no mesmo ano e foi eleita sócia da consultoria em 2014. Tornou-se uma das pessoas mais próximas de Vicente Falconi na empresa. Segundo diversos consultores, ele a trata como uma filha.

Em 2004, aos 28 anos, Viviane fez sua estreia como consultora no exterior. Durante dois anos morou no Canadá, trabalhando em um projeto de melhoria da eficiência operacional numa fábrica da Gerdau. Um dos grandes aprendizados da época foi sobre o relacionamento com os sindicatos, fortíssimos no país. "Até premiação era uma coisa complicada lá", lembra ela. Certa ocasião, depois de terem batido uma meta importante em uma fábrica localizada a 50 quilômetros de Winnipeg – que resultaria em ganhos da ordem de 5 milhões de dólares –, a consultoria decidiu oferecer um jantar aos funcionários para comemorar o feito. Como muitos convidados não apareceram, Viviane estranhou e foi perguntar a razão da ausência. "Descobrimos que, como o evento foi só para os operários que participaram do projeto, e não para todos da fábrica, o sindicato orientou que fosse boicotado."

Anos depois, Viviane enfrentaria embates com sindicatos também na Europa. Com a compra da Ambev pela Interbrew, formando a InBev, a consultoria foi contratada para atuar na Bélgica, sede da cervejaria. Um dos primeiros projetos tinha o objetivo de reduzir os índices de acidentes de trabalho. Para espanto da consultora, o sindicato local argumentava que os equipamentos de proteção (EPIs) fossem opcionais – e não obrigatórios. "Foi uma enorme negociação para trabalharmos um tema que, para nós, era muito óbvio", diz ela. No quadro atual de consultores da Falconi, Viviane é uma das raras profissionais que domina o inglês, uma das razões para já ter comandado projetos em 15 países.

Apesar dos esforços da consultoria – nos últimos anos foram abertos escritórios em Miami e na Cidade do México –, sua internacionalização ainda caminha a passos lentos. Em 2015, apenas 10% das receitas totais nasceram de projetos no exterior e raros são os trabalhos em empresas de origem estrangeira. Entre os mais recentes é possível elencar a varejista Sears, nos Estados Unidos, e a espanhola Ence, do setor de papel e celulose.

CAPÍTULO 12

O CEO vai a nocaute

Na noite de 24 de janeiro de 2017, Mateus Bandeira e Vicente Falconi foram jantar no restaurante Barbacoa, no Shopping D&D, em São Paulo. Parecia um encontro como tantos outros que o CEO e o fundador da consultoria tiveram desde que Bandeira assumira o cargo, seis anos antes. Fora Falconi quem, na véspera, telefonara a Bandeira para sugerir o jantar. Como de hábito, o Professor escolheu um vinho para acompanhar a refeição. Mas bastou ambos fazerem seus pedidos para a conversa tomar um rumo inesperado para Bandeira. Aquele jantar seria tudo, menos um encontro qualquer.

Falconi contou ao executivo que na sexta-feira anterior, 20 de janeiro, havia recebido em seu apartamento, em Belo Horizonte, um grupo de cinco sócios da consultoria. Dois eram sócios diretores: Viviane Martins, responsável pela maioria dos projetos no exterior, e Welerson Cavalieri, que, aos 64 anos, é um dos profissionais mais antigos da empresa (sua filha Marina, seu filho Rafael e a nora Isabele também trabalham na Falconi).

Além deles, haviam comparecido Izabela Lanna Murici, Vinicius Brum e Luiz Roberto Prates. Segundo eles, o grupo representava 20 dos 28 sócios da consultoria e teria redigido um documento em que listava todos os pontos de divergência em relação à administração da firma. O próprio Falconi admite que só leria o documento cerca de 20 dias após o encontro, mas a conversa com os sócios fora suficiente para ele decidir interceder.

O jantar com o CEO foi curto e tenso. Falconi explicou a Bandeira que o grupo de sócios se queixou do estilo do executivo, tido por eles como autoritário, e que gostaria de ter uma participação maior na gestão da companhia. O CEO argumentou que todas as segundas-feiras fazia uma reunião de acompanhamento com os sócios diretores, mas que eles nunca haviam levantado esse ponto. Falconi então explicou que os sócios tinham medo de falar por causa do jeito intempestivo do executivo.

Bandeira se sentiu traído pela equipe. Afirmou que não poderia continuar trabalhando com quem não confiava. Foi quando ouviu de Falconi algo que não esperava: para o Professor, a firma não poderia prescindir de 20 sócios. Surpreso, o CEO respondeu que então estava fora: ou tinha autonomia para tocar a consultoria da forma determinada em conjunto com o conselho de administração ou não havia mais nada a fazer ali. Consternado, acrescentou que não se sentia mais em condições de continuar o jantar. Levantou-se e recebeu um abraço de Falconi. O destino de Bandeira na consultoria estava selado, mas ainda haveria um bocado de desgaste até ele finalmente se desligar da empresa.

Falconi terminou de tomar a garrafa de vinho sozinho.

Nunca imaginei que o Mateus fosse reagir daquela forma. A partir de 2019, os sócios de fato tomarão todas as decisões. E eles querem dar opinião, são especialistas em gestão. Circulam nas empresas, aprendem muito e, coletivamente, sabem mais do que a diretoria sobre gestão. Sugeri que ele chamasse cada um para almoçar, para jantar, mas ele não quis...

Às vezes, a insatisfação vem de um somatório de eventos pessoais... É uma coisa que eu faço com você aqui, outra que eu faço com outra pessoa ali... Ao longo desses últimos dois, três anos, alguns me procuraram isoladamente. Não marcaram reunião nem nada, mas se encontravam comigo e, lá no meio da conversa, externavam uma insatisfaçãozinha. E eu naquele papel de quem está saindo, de quem está querendo ficar longe da coisa, dizia: "Ah, releva isso, a gente vai construir uma coisa maior e tal." Nunca levei as coisas adiante e talvez eu estivesse errado. Dei alguns feedbacks para o Mateus, mas muito leves, falando que ele devia ser mais mineiro, menos gaúcho... Boa parte das vezes você tem que ouvir, tem que sorrir, tem que brincar com as pessoas, manter os níveis de confiança e amizade elevados... Bom, resumindo, dos 28 sócios, só um permaneceu fiel a ele [Jaime Quintana]: 20 assinaram de largada, dois assinaram depois e dois ficaram a favor, mas não assinaram. [Os três restantes formavam a diretoria executiva: Mateus Bandeira, Sérgio Honório de Freitas e Bruno Turra.]

Ele ficou chateado porque as pessoas foram falar direto comigo... Mas não é que elas tenham ido conversar com o "conselho"... elas foram falar com o professor Falconi. É diferente. Uma pessoa que trabalha com elas há 20 anos, que ensinou a todas elas. Foram conversar com um amigo, não com um conselheiro. O relacionamento é diferente. E em nenhum momento o grupo pediu a troca da administração. Eles só queriam participar mais.

Mas aí eu sou muito prático, né? O Mateus falou que iria embora e naquele momento já comecei a pensar em novos nomes, porque é a minha obrigação, sou representante do conselho ali... Se tem uma diretoria que foi rejeitada pelos sócios, vai sair e vai entrar outra. A empresa vai melhorar, porque ela vinha sendo estrangulada por uma estratégia errada.

~

O estranhamento entre Bandeira e alguns consultores já vinha de algum tempo. O CEO é um executivo que costuma falar alto – às vezes, alto demais. Palavrões fazem parte de seu vocabulário corriqueiro. Defensor aguerrido da meritocracia, ele cobra resultados de forma dura. Tinha uma missão na Falconi e não se desviaria dela, por mais impopulares que fossem as medidas necessárias para moldá-la ao que ele – endossado pelo conselho de administração – acreditava ser o melhor caminho a seguir.

No Japão, país exaustivamente estudado por Falconi, as decisões nas empresas costumam ser tomadas por consenso e os executivos evitam entrar em conflito uns com os outros. Um pouco por personalidade e um pouco por ter emulado esse padrão, Falconi costuma trilhar esse mesmo caminho. Não é de se exasperar no ambiente de trabalho, seja na consultoria que fundou ou nos conselhos de que participa. E, embora exponha seus pontos com firmeza, quase nunca entra em debates acalorados. Quando acha que não está sendo ouvido como gostaria, prefere apenas se afastar, como aconteceu nas duas ocasiões em que se desligou do conselho da BRF.

Assim como o fundador da firma, muitos dos consultores evitam entrar abertamente em batalhas. Ainda que discordassem da linha de Bandeira, era raro que o contrariassem em público. Uma das poucas vezes em que se ouviu uma voz dissonante foi durante uma reunião em 20 de julho de 2015. O objetivo era debater a estratégia da firma e cada um dos sócios diretores faria uma apresentação sobre um tema. A Viviane Martins caberia preparar um material sobre o modelo de atuação da empresa.

Nos 23 slides de seu PowerPoint, ela mostrava gráficos que indicavam, entre outras coisas, a redução do Ebitda, do número de clientes e de consultores da firma desde 2011, quando houve a compra dos 50% das ações do professor José Godoy. Ela comparava ainda o crescimento da receita e do número de consultores da Falconi com o de empresas como McKinsey, BCG, Totvs e Aquila.

Enfurecido, Bandeira argumentou que a análise estava totalmente errada. Em primeiro lugar, porque a redução do Ebitda se devia, acima de tudo, à inclusão de todos os funcionários no regime celetista, o que, claro, aumentava os custos. Além disso, os dados da McKinsey e do BCG utilizados por Viviane eram globais. Como comparar esses números aos da Falconi, cuja atuação era concentrada em um país que atravessava a maior recessão de sua história? É verdade que o número de profissionais havia se reduzido, mas o lucro per capita crescera de 55 mil reais, em 2010, último ano da gestão anterior, para 73 mil reais em 2015 (em valores corrigidos pela inflação).

A diminuição do número de consultores se devia a fatores tão diversos quanto a migração de dezenas de profissionais para o Aquila, à época da cisão, e o estabelecimento de bases apenas em São Paulo, Belo Horizonte, Porto Alegre, Rio de Janeiro e Brasília. Até então, os consultores poderiam ficar baseados onde bem entendessem. "Havia o caso de um que morava em Divinópolis, no interior de Minas Gerais, e para atender um cliente em São Paulo cobrava o ônibus de sua cidade até Belo Horizonte, a passagem aérea para a capital paulista e o táxi até Alphaville", conta Bandeira. "Quando notamos essas distorções, decidimos que todos teriam 90 dias para escolher uma das cinco bases da empresa. Teve gente que não quis e saiu."

A discussão ficou tão acalorada que a certa altura Viviane disse que se o CEO não se acalmasse ela sairia da sala – no final, ela permaneceu. "O Mateus exagerou na porrada, mas a análise [feita por Viviane] era medíocre", diz uma das pessoas que assistiram à cena. O relacionamento entre os dois, que nunca fora dos mais próximos, estava irreversivelmente abalado.

Na mesma semana do embate, Falconi procurou Bandeira para perguntar o que havia acontecido. Viviane fora se queixar com o Professor sobre o comportamento do CEO.

Durante os seis anos em que esteve à frente da Falconi, Bandeira vivenciou, como todos os executivos brasileiros, os altos e baixos da economia nacional. Em 2011, quando assumiu, a economia do país cresceu 4% e a taxa de desemprego estava na casa dos 8%. Em pouco tempo, porém, a situação se deteriorou até o Brasil mergulhar na pior recessão de sua história. O PIB recuou 3,8% em 2015 e mais 3,6% em 2016, elevando a taxa de desemprego a 12% – num total de 12,3 milhões de brasileiros sem trabalho.

Nesse cenário adverso, mesmo companhias vencedoras como a Ambev (da qual Falconi ainda é conselheiro) enfrentaram dificuldades. A receita da cervejaria caiu 2,4% em 2016, comparada ao ano anterior, para 45,6 bilhões de reais. O lucro líquido aumentou 1,6% no período. Por causa disso, não houve distribuição de bônus entre os executivos da empresa, algo raro de acontecer (nos 25 anos de trabalho na cervejaria, o atual diretor-geral, Bernardo Paiva, por exemplo, só deixou de receber bônus cinco vezes).

Na consultoria comandada por Bandeira, a retração também foi sentida. Em 2011, o faturamento foi de 302 milhões de reais (cerca de 5% superior ao do período anterior). Nos dois anos seguintes, mesmo com a saída de Godoy e de alguns clientes e funcionários que migraram para o Instituto Aquila, as receitas apresentaram um ligeiro incremento. Com o acirramento da crise, porém, veio o encolhimento. Em 2015 o faturamento foi de 294 milhões de reais. Atualizando os dados pela inflação, o passo atrás fica ainda mais evidente: em cinco anos as receitas encolheram 26%. O lucro também entrou em declínio: de 59 milhões em 2011 para 39 milhões em 2015 (em valores corrigidos pela inflação, uma retração de quase 40%).

Comparar o desempenho da Falconi com o das grandes concorrentes multinacionais não é uma tarefa simples, já que a maioria não divulga seus balanços localmente. No entanto, as atas das reuniões de sócios da operação brasileira do BCG registradas na Junta Comercial de São Paulo, por exemplo, indicam que para algumas consultorias estrangeiras a situação também não estava fácil: o lucro da firma caiu de 37 milhões de reais em 2013 para 27 milhões em 2015 – uma queda de quase 30% em dois anos.

Os números pouco animadores da Falconi ajudavam a inflamar o relacionamento entre Bandeira e parte dos sócios. Em 2015, por exemplo, dos cinco sócios diretores, apenas dois bateram as metas de vendas: Flávio Boan e Álvaro Guzella. Os outros três – Viviane Martins, Welerson Cavalieri e Jaime Quintana – não alcançaram o resultado previsto. Não dá para dizer que Bandeira fosse muito diplomático quando cobrava melhor desempenho.

~

Assim que deixou o jantar com Vicente Falconi, Mateus Bandeira foi para seu apartamento. Naquela noite, tinha agendado uma reunião com outros três sócios da consultoria: Sérgio Honório de Freitas, Flávio Boan e Álvaro Guzella. O encontro não estava relacionado à firma, mas a um pequeno fundo de investimentos que o grupo estava montando. O programa foi cancelado assim que Bandeira lhes relatou por telefone o que havia ocorrido. Mas Freitas e Jaime Quintana, um dos sócios mais antigos e que intencionava se juntar ao fundo de investimentos do quarteto, foram se encontrar com Bandeira na mesma hora. Do apartamento, Freitas telefonou para Boan e Guzella. O primeiro contou que não havia assinado o documento que relatava o descontentamento dos sócios, mas admitiu saber da movimentação. Guzella, porém, reconheceu que era um dos signatários. Entre surpresos e furiosos, Bandeira, Freitas e Quintana praticamente viraram a noite embalados por duas garrafas de uísque Johnny Walker Blue Label.

No dia seguinte, 25 de janeiro, feriado na cidade de São Paulo, o CEO comunicou formalmente a Falconi que ele e Freitas renunciavam aos cargos. Em seguida, Bruno Turra avisou a Falconi por

WhatsApp que sairia junto com os outros dois diretores. Em menos de 24 horas, o trio que compunha a diretoria executiva da Falconi estava fora do jogo.

A sugestão de Bandeira foi fazer uma transição para a saída do grupo em vez de deixar a consultoria sem diretoria de uma hora para outra. O trio se comprometeu a tocar a empresa até a primeira reunião do conselho de administração, marcada para 5 de abril, quando o balanço de 2016 deveria ser aprovado. A ideia do executivo era fazer a troca de comando de forma tranquila, sem desestabilizar a firma da qual ainda era sócio.

Tranquilidade, porém, foi tudo o que não existiu. Bandeira havia combinado com Falconi e com o conselheiro Beto Sicupira que sua saída não deveria ser anunciada de imediato. Mesmo assim, no próprio dia 25 de janeiro, o Professor informou a Viviane Martins da renúncia e pediu que os sócios começassem a pensar em substitutos para a diretoria. A notícia se espalhou em minutos, por telefonemas e mensagens de WhatsApp. Não demorou para que o próprio Bandeira a recebesse no celular. A confiança que o executivo depositava em Falconi estaria, a partir de então, irremediavelmente perdida.

O conselho de administração bem que tentou contornar a situação, mas os ânimos estavam de tal forma inflamados que havia pouco espaço para manobras. Num e-mail aos demais conselheiros, Marcel Telles argumentou que a saída de Bandeira representaria "a vitória do corporativismo e da 'mamãezada' sobre a meritocracia". Durante uma conversa entre os conselheiros foi sugerido que alguns dos descontentes com a gestão de Bandeira fossem demitidos, de modo a deixar claro para os demais que não apenas o CEO tinha o apoio da instância máxima da governança da empresa como que outros insatisfeitos poderiam tomar o mesmo rumo. Falconi se opôs às sugestões, alegando que a empresa não poderia perder o know--how dessas pessoas.

Em meio a esse debate acalorado, algumas questões emergiram: ao ouvir as queixas dos subordinados de Bandeira, Falconi seguira as práticas de boa governança? Como um dos cinco membros do conselho, detentor de apenas 20% dos votos, ele não deveria ter discutido o assunto com os outros membros antes de levá-lo ao CEO?

No mesmo dia em que Bandeira mandou a carta de renúncia, 27 de janeiro, Marcel Telles renunciou à sua cadeira no conselho de administração da consultoria. (Embora tenha discordado da saída de Bandeira, Marcel manteve a amizade com Falconi e preferiu não dar entrevista sobre esse assunto.) "O Marcel entendeu que houve uma revolta de um grupo de consultores contra o Mateus por causa da mudança cultural, mas não teve nada disso", diz Falconi. Semanas depois, em 14 de fevereiro, Edson de Godoy Bueno faleceu, vitimado por um ataque cardíaco fulminante. A Falconi, que havia perdido sua diretoria executiva, agora estava sem dois dos cinco conselheiros.

Provisoriamente, a consultoria havia montado um comitê de transição formado por três pessoas, que se mantiveram neutras no motim: Wilson Risolia Rodrigues, ex-secretário de Educação do estado do Rio de Janeiro que desde 2015 atuava na Falconi em projetos na área de educação; Josué Bressane Júnior, sócio diretor da Falconi Gente (braço da consultoria voltado para RH e projetos em pequenas e médias empresas) e Jaime Quintana, único sócio diretor que não apoiou o movimento contra Bandeira.

O período de transição foi longo e tenso. Como a antiga diretoria só se desligou oficialmente em 23 de março, quando o pedido de renúncia foi aceito pelo conselho, durante quase dois meses houve uma convivência forçada entre todos. O clima estava tão azedo que Bandeira simplesmente delimitou em que áreas da sede os sócios que motivaram sua saída poderiam transitar. Como a Falconi ocupa espaços em duas torres de um mesmo condomínio, o CEO decidiu que os descontentes não poderiam frequentar o bloco B, onde ele ainda dava expediente.

Em 27 de março, uma diretoria colegiada assumiu o comando da empresa. Risolia ficou com o cargo de presidente. Viviane Martins e Welerson Cavalieri, os principais articuladores do movimento que culminou com a saída de Bandeira, ganharam espaço no organograma – ela como diretora vice-presidente e ele como diretor executivo. Álvaro Guzella e Flávio Boan foram escolhidos para completar a diretoria executiva.

O desligamento completo de Bandeira, Freitas e Turra ainda levaria mais tempo. Pelas regras do acordo de acionistas, os três deveriam vender sua participação pelo valor patrimonial da consultoria. O cálculo deveria ser feito em cima do balanço de 2016. Embora o trio tivesse finalizado o balanço antes de deixar o comando da Falconi e a KPMG, uma das maiores empresas de auditoria do mundo, o tivesse auditado, até o fim de maio a nova diretoria ainda não havia aprovado os números. Com isso, a compra da participação acionária de Bandeira, Freitas e Turra também não havia sido efetivada.

POSFÁCIO

Era uma manhã fria e ensolarada de abril de 2015 quando o apresentador de TV Luciano Huck encontrou quatro jovens brasileiros estudantes da prestigiada Universidade Harvard, localizada em Cambridge, no estado americano de Massachusetts. Huck gravou numa longa reportagem como esses garotos venceram dificuldades e chegaram à icônica instituição. Uma das entrevistadas era Larissa Maranhão, alagoana que tinha 21 anos e cursava Economia. Com longos cabelos escuros, olhos expressivos e um sorriso amplo estampado no rosto, Larissa era a única nordestina entre os 13 brasileiros então matriculados na Harvard.

Nascida em Maceió, desde os 9 anos ela sonhava estudar na universidade. Tentou outras opções – chegou a fazer por alguns meses o curso de Economia da UFRJ –, mas largou a faculdade. Preferiu concentrar esforços na busca por uma bolsa de estudos que a levasse aos Estados Unidos. Foi quando se inscreveu no Prêmio Jovens Inspiradores, à época uma parceria entre a Editora Abril e a Fundação Lemann, que premiava recém-formados com bolsas no exterior. A estudante nota 10, que conseguira pontuação máxima em redação no ENEM, foi selecionada como uma das finalistas às vésperas de seu embarque para uma temporada na Índia, onde faria trabalho voluntário por dois meses.

Quando retornou, tratou de se organizar para a final do prêmio, em que deveria apresentar um projeto. "Como eu não tinha internet em casa, fiz toda a preparação na Starbucks do Rio Sul [shopping carioca]", lembra, rindo. Depois de ser sabatinada por uma banca que incluía Beto Sicupira, Vicente Falconi e Mateus Bandeira, Larissa foi escolhida uma das cinco vencedoras da edição de 2012.

Pouco antes de começar a gravação da entrevista, Luciano Huck pediu aos jovens que escrevessem um bilhete para uma pessoa que havia sido essencial em suas trajetórias. "Eram 7 da manhã e eu nem conseguia escrever direito porque minha mão estava roxa de frio", conta ela.

Larissa seria a última a "ler" a cartinha – ou pelo menos era isso que ela achava que aconteceria. Huck, porém, surpreendeu os jovens ao dizer que telefonaria para os destinatários, para que ouvissem a mensagem. Os três primeiros estudantes ligaram para os pais. Ela, porém, queria agradecer a outra pessoa: Vicente Falconi, que conhecera anos antes e de quem se aproximara com o passar do tempo. Quando o Professor atendeu, Larissa contou como as palavras que ouvira dele durante uma palestra a haviam inspirado: "O senhor disse que não importa de onde você vem ou os desafios que enfrenta na vida: com vontade, você chega aonde quiser. Isso foi muito importante para mim, porque, crescendo em Alagoas, eu sempre ouvi que só chegar a São Paulo já seria um milagre."

Nenhum papel cabe tão bem a Vicente Falconi quanto o de professor. Ele tem a capacidade de transformar coisas complexas em lições simples e de encantar tanto jovens como Larissa quanto empresários experientes. Quando começou a trazer os conceitos japoneses de eficiência para o Brasil, mais de quatro décadas atrás, Falconi era como um pregador no deserto. Embrenhava-se pelo país participando de centenas de cursos, seminários, palestras e treinamentos. A gestão, enfim, ganhava uma referência por aqui. Ainda hoje, seu método permanece basicamente o mesmo, conquistando defensores fervorosos, que enxergam resultados concretos quando o sistema é aplicado à risca.

Falconi é, sem dúvida, muito mais um mestre talentoso e um consultor obsessivo do que um empresário ambicioso, e isso se reflete na empresa que criou. Ele sempre preferiu atender seus clientes a enfurnar-se no dia a dia da consultoria. Por isso, muitos dos conceitos que defende já foram deixados em segundo plano na própria firma. "Uma coisa é o Falconi professor e consultor. Outra é a empresa que ele fundou", explica uma pessoa próxima a ele. Gerações de funcionários foram moldados nessa cultura em que laços familiares e de confiança às vezes se sobrepõem a resultados. Não é de se estranhar, portanto, que a chegada de um executivo agressivo como Mateus Bandeira tenha provocado tantos conflitos dentro da firma. Também não é de se estranhar que, graças à cultura construída na consultoria, em vez de serem debatidas às claras, as insatisfações tenham tomado um tortuoso caminho subterrâneo, que culminou com a saída do CEO.

Vicente Falconi não é o único integrante da lista de gurus de gestão que, ironicamente, enfrentam dificuldades nas empresas que comandam. James McKinsey descobriu muito antes do brasileiro que orientar clientes era mais fácil do que gerir uma empresa. Poucos anos depois de criar sua firma, McKinsey deixou a carreira de consultor para se tornar CEO e presidente do conselho de administração da Marshall Field, empresa do ramo têxtil. "Nunca antes, em toda a minha vida, soube como era muito mais difícil tomar decisões empresariais próprias do que aconselhar os outros a respeito do que fazer", disse ele tempos depois. Segundo Duff McDonald, autor de *Nos bastidores da McKinsey*, o trabalho na Marshall Field teria deixado o consultor "deprimido e fisicamente exausto".

Situação ainda mais difícil viveu o economista americano Michael Porter, que em 1983 fundou a consultoria Monitor ao lado de outros professores da Harvard Business School. Na época, Porter era um dos maiores especialistas do mundo em estratégias de competitividade. Apesar de todo o lustro acadêmico, em novembro de 2012 a Monitor entrou com um pedido de concordata nos Estados Unidos e no ano seguinte foi comprada pela Deloitte.

~

O conflito vivido na empresa no início de 2017 abalou Vicente Falconi. Pouco mais de um mês após o fatídico jantar com Mateus Bandeira, ele havia perdido quatro quilos, baixando o peso para 68 kg. As dores na coluna, que costumam assolá-lo em momentos de crise, haviam voltado e o obrigavam a fazer fisioterapia três vezes por semana. Para executar movimentos simples, como sentar-se e levantar-se de uma cadeira, precisava ser cuidadoso.

Aos 77 anos, Falconi participa de dois conselhos de administração: Ambev e Eletrobras. No momento, porém, seu maior desafio é reorganizar – e acompanhar mais de perto – a firma que fundou. "A única coisa que eu quero é ver a Falconi crescendo e contribuindo para o país", diz. "Tem tanta coisa boa que a gente pode fazer e que as grandes consultorias americanas não sabem fazer como nós..."

A partir de 2019, quando ele deverá ter transferido todas as suas ações para os novos sócios, a firma que fundou precisará caminhar com as próprias pernas. Só então será possível saber se os sucessores de Vicente Falconi realmente assimilaram os ensinamentos que ele sempre preconizou. E se a firma que agora leva seu nome conseguirá ganhar o mundo e se perpetuar.

BIBLIOGRAFIA

"Apagão muda hábitos e atinge consumo de sabão". *Gazeta Mercantil*, 10 set. 2001.

ARRUDA, Carlos; BRASIL, Haroldo Vinagre; SANTANA, José Luiz de; CAMPANA, Roberta; MOTA DOS SANTOS, Rita de Cássia Ferreira; NOGUEIRA, Débora Carneiro. *Relatório de pesquisa 0701: empresas duradouras.* Nova Lima (MG): Fundação Dom Cabral, 2007.

"A situação fiscal dos estados brasileiros". Firjan, 2017.

AVERBUG, André. "Abertura e integração comercial brasileira na década de 90." In: GIAMBIAGI, Fabio e MOREIRA, Maurício Mesquita (orgs.). *A economia brasileira nos anos 90.* Rio e Janeiro: BNDES, 1999.

BARROS, Guilherme. "Roberto Setubal define comitê executivo do Itaú Unibanco". *Folha de S.Paulo*, 23 dez. 2008.

BEDINELLI, Talita; ROSSI, Marina. "Aécio Neves e cúpula do PSDB de São Paulo serão investigados pelo STF". *El País*, 12 abr. 2017.

BRASIL, Cristina Índio do. "Procuradoria pede que TSE mantenha cassação de Pezão e Dornelles". Agência Brasil, 5 maio 2017.

BRASIL. *Diário Oficial da União*, 25 out. 1999.

BRASIL. *Ministros dos Tribunais de Contas da União: dados biográ-*

ficos. Brasília: TCU, Assessoria de Cerimonial e Relações Institucionais, 2008, 7 ed.

BRITO, Carlos; BOECKEL, Cristina. "Ex-governador Sérgio Cabral é preso pela PF na Zona Sul do Rio". Portal G1, 17 nov. 2016.

CAIXETA, Nely. "Mister Gerdau". *Exame*, 4 out. 2000.

CAMFIELD, Claudio; GODOY, Leoni Pentiado. *Análise do cenário das certificações da ISO 9000 no Brasil: um estudo de caso em empresas da construção civil em Santa Maria – RS*. Universidade Federal de Santa Catarina, 2004.

CORREA, Cristiane. "Por dentro da maior montadora do mundo". *Exame*, 18 fev. 2011.

COSTA, Armando Dalla; SILVA, Iara Maria da. "A Sadia e a internacionalização do agronegócio paranaense". In: Encontro de Economia Paranaense, Curitiba, 2007.

COUTINHO, Carlos Bottrel. *A gestão no Brasil*. Nova Lima (MG): Libretteria, 2013.

CUCOLO, Eduardo. "'Você apagou a luz e iluminou o Brasil', diz FHC em cadeia de TV". *Folha de S.Paulo*, 19 fev. 2002.

"CVM suspende ex-administradores da Sadia por uso de informação privilegiada", *Valor Econômico*, 26 fev. 2008.

D'ARAÚJO, Maria Celina; FARIAS, Ignez Cordeiro de; HIPPOLITO, Lucia. *Ipea: 40 anos apontando caminhos*. Rio de Janeiro: FGV, 2005.

DESCARTES, René. *Discurso do método*. Porto Alegre: L&PM, 2005 [1637].

DENNING, Steve. "What Killed Michael Porter's Monitor Group? The One Force That Really Matters". *Forbes*, 20 nov. 2012.

DIEGUEZ, Consuelo. "O setembro negro da Sadia". *Piauí*, nov. 2009.

EDWARD, José. "O trem no trilho". *Veja*, 28 abr. 2004.

"Escolas públicas de PE lideram ranking nacional do ensino médio". Portal G1, 8 set. 2016.

"Ex-diretor da Sadia é multado por informação privilegiada". *O Estado de S. Paulo*, 21 jun. 2007.

FALCONI CAMPOS, Vicente. *Gerenciamento da rotina do trabalho do dia a dia*. Nova Lima (MG): Falconi Editora, 2013, 9 ed.

_____. *Gerenciamento pelas diretrizes*. Nova Lima (MG): Falconi Editora, 2013, 5 ed.

_____. *O valor dos recursos humanos na era do conhecimento*. Nova Lima (MG): Falconi Editora, 2014, 8 ed.

_____. *O verdadeiro poder*. Nova Lima (MG): Falconi Editora, 2009, 2 ed.

_____. *Qualidade total: padronização de empresas*. Nova Lima (MG): Falconi Editora, 2014, 2 ed.

_____. *TQC: Controle da qualidade total no estilo japonês*. Nova Lima (MG): Falconi Editora, 2014, 9 ed.

FARINA, Elizabeth M. M. Q. "Sadia: a liderança pela inovação". *Revista de Administração*. 1995, jan.-mar., v. 30, n. 1, pp. 97-106.

FERNANDES, Waldir Algarte. *O movimento da qualidade no Brasil.* São Paulo: Essential Idea, 2011.

FILGUEIRAS, Maria Luísa. "A crise da BRF". *Exame*, 29 mar. 2017.

FRANCO, Luiza; VETTORAZZO, Lucas. "Rio regride 7 anos com explosão de crimes". *Folha de S.Paulo*, 8 maio 2017.

FURTADO, Deca. "Não entregou, pode pedir o boné". *Exame*, n. 683, 10 mar. 1999.

HADDAD, Claudio; LAZZARINI, Sérgio; TURATTI, Luiz Fernando. "Itaú Unibanco: The Merger and Beyond". Insper, 2012.

INSTITUTO BRASILEIRO DE GOVERNANÇA CORPORATIVA. *Código das melhores práticas de governança corporativa.* São Paulo: IBGC, 2015.

ISHIKAWA, Kaoru. *What Is Total Quality Control? The Japanese Way.* Nova Jersey: Prentice Hall, 1988.

"Itaú e Bradesco são as marcas mais valiosas em 2016, diz ranking", Portal G1, 1º dez. 2016.

"Itaú Unibanco anuncia novo Presidente e novo Comitê Executivo". *Executivos Financeiros*, 9 nov. 2016.

LEMOS, Alexandre Zaghi. "Omnicom oficializa compra do ABC, via DDB". *Meio & Mensagem*, 23 nov. 2015.

MARKOWITZ, Michele Andrea. "Bancos e banqueiros, empresas e famílias no Brasil". Dissertação de mestrado, Universidade Federal do Rio de Janeiro, 2004.

MASLOW, Abraham. *Motivation and Personality*. Londres: Longman, 1968.

McDONALD, Duff. *Nos bastidores da McKinsey: a história e a influência da consultoria mais admirada do mundo*. São Paulo: Saraiva, 2014.

NAVARRETE, Pedro Henrique. *As origens do sistema brasileiro de defesa da concorrência: o Cade (1962-1994)*. Dissertação de mestrado, Universidade Federal do Rio de Janeiro, 2013.

NITAHARA, Akemi. "Alerj aprova estado de calamidade pública no Rio e fim das isenções fiscais". Agência Brasil, 1º out. 2016.

NOGUEIRA, Claudia Mazzei. "A divisão sexual do trabalho no sistema de integração agroindustrial". *Serviço Social & Sociedade*. 2012, jul.-set., n. 111, pp. 509-528.

"Pacto pela vida morreu, diz mentor do programa". *Jornal do Commercio Online*, 24 set. 2016.

PALACIOS, Ariel; SIQUEIRA, André; ALVES, Fábio. "Ambev anuncia compra de 37,5% da Quilmes". *O Estado de S. Paulo*, 3 maio 2002.

PAULA, Alexandre Taveira de. *Avaliação do impacto potencial da versão 2000 das normas ISO 9000 na gestão e certificação da qualidade: o caso das empresas construtoras*. Dissertação de mestrado, Universidade de São Paulo, 2014.

PÊGO FILHO, Bolívar; MOTA, José Aroudo; CARVALHO, José Carlos Jacob; PINHEIRO, Maurício Mota Saboya. "Impactos fiscais da crise de energia elétrica: 2001 e 2002". IPEA: Textos para Discussão n. 816, 2001.

"PIB recua 3,6% em 2016 e fecha ano em R$ 6,3 trilhões". Agência IBGE Notícias, 7 mar. 2017.

PIRES, José Claudio Linhares; GIAMBIAGI, Fábio; SALES, André Franco. "As perspectivas do setor elétrico após o racionamento". *Revista do BNDES*, v. 9, n. 18, pp. 163-204, dez. 2002.

"Plenário aprova projeto que reconhece calamidade financeira". Assembleia Legislativa de Minas Gerais, 7 dez. 2016.

"PNAD Contínua: taxa de desocupação foi de 12,0% no quarto trimestre de 2016 e média do ano fecha em 11,5%". Agência IBGE Notícias, 31 jan. 2017.

"Resultado fraco no Brasil elimina bônus de presidente da AB InBev". *Financial Times/Folha de S.Paulo*, 3 mar. 2017.

"Ritmo Mineiro". *Folha de S.Paulo*, 6 fev. 1981.

RODRIGUES, Nelson. *À sombra das chuteiras imortais*. São Paulo: Companhia das Letras, 1993.

ROSSI JR., José Luiz; FERREIRA, Pedro Cavalcanti. *Evolução da produtividade industrial brasileira e abertura comercial*. Rio de Janeiro, 1999.

"Sadia e Perdigão anunciam oficialmente a fusão e criam a Brasil Foods". *O Globo*, 19 jun. 2009.

SARDENBERG, Carlos Alberto. "Acesita conhece os lucros aos 49 anos". *Folha de S.Paulo*, 6 fev. 1994.

SCHÜFFNER, Cláudia. "Sérgio Cabral é denunciado pelo Ministério Público Federal pela 7ª vez". *Valor Econômico*, 19 abr. 2017.

SILVA FILHO, Edison Benedito. "Padrão de financiamento e exposição cambial das empresas exportadoras brasileiras a partir da crise de 2008". *Boletim de Economia e Política Internacional*, IPEA, 2012.

SPADA, Bruno; Agência Petrobras. "Pedro Parente toma posse como presidente da Petrobras". Agência Petrobras, 1º jun. 2016.

TEIXEIRA, Alexandre. "Gestão pública à moda privada". *Época*, 3 jun. 2010.

VALENTI, Graziella. "A anatomia de um desastre". *Valor Econômico*, 14 dez. 2012.

VALLE, Sabrina. "Ex-executivos da Sadia recebem pena de prisão". *O Estado de S. Paulo*, 19 fev. 2011.

VELOSO, Fernando; FERREIRA, Pedro Cavalcanti; GIAMBIAGI, Fábio; PESSÔA, Samuel de Abreu (orgs.). *Desenvolvimento econômico: uma perspectiva brasileira*. Rio de Janeiro: Elsevier, 2013.

"Zero-base budgeting", *The Economist*, 26 jan. 2009.

ZOLINI, Hélcio. "Um inovador na gestão pública". *Época*, 17 jul. 2007.

CONHEÇA OUTROS TÍTULOS DA AUTORA

Sonho grande

Jorge Paulo Lemann, Marcel Telles e Beto Sicupira ergueram, em pouco mais de quatro décadas, o maior império da história do capitalismo brasileiro e ganharam uma projeção sem precedentes no cenário mundial.

Nos últimos cinco anos eles compraram nada menos que três marcas americanas conhecidas globalmente: Budweiser, Burger King e Heinz. Tudo isso na mais absoluta discrição, esforçando-se para ficar longe dos holofotes.

A fórmula de gestão que desenvolveram, seguida com fervor por seus funcionários, se baseia em meritocracia, simplicidade e busca incessante por redução de custos.

Uma cultura tão eficiente quanto implacável, em que não há espaço para o desempenho medíocre. Por outro lado, quem traz resultados excepcionais tem a chance de se tornar sócio de suas companhias e fazer fortuna.

Sonho grande é o relato detalhado dos bastidores da trajetória desses empresários desde a fundação do banco Garantia, nos anos 70, até os dias de hoje.

Abilio

Em 1948, o imigrante Valentim dos Santos Diniz inaugurou uma discreta doceria em São Paulo chamada Pão de Açúcar. Menos de uma década depois, acompanhado de seu primogênito, Abilio, "seu Santos", como o patriarca era conhecido, abriu o primeiro supermercado da família. Era o passo inicial para a construção de uma companhia que se tornaria a maior varejista do Brasil, com um faturamento anual de 64,4 bilhões de reais em 2013.

Foi graças à ambição de Abilio Diniz que o pequeno negócio familiar se transformou numa potência. Baixinho, gordinho e impopular na infância, Abilio aprendeu na adolescência a conquistar seu espaço – nem que para isso precisasse abrir caminho à força. Levou essa mesma determinação para o mundo dos negócios e jamais se deixou abater pelas dificuldades, que foram muitas.

Este livro revela os bastidores do processo de saída do empresário do Pão de Açúcar e conta em detalhes a disputa familiar pelo controle da companhia, bem como as histórias de pioneirismo protagonizadas por Abilio no varejo brasileiro. É o retrato apurado de um homem movido por suas paixões – mesmo que elas lhe criem inimigos ao longo do caminho.

Para saber mais sobre os títulos e autores da Editora Sextante,
visite o nosso site e siga as nossas redes sociais.
Além de informações sobre os próximos lançamentos,
você terá acesso a conteúdos exclusivos
e poderá participar de promoções e sorteios.

sextante.com.br